À toutes les
sauces !

À toutes les
sauces !

louise pickford

photographies par **ian wallace**

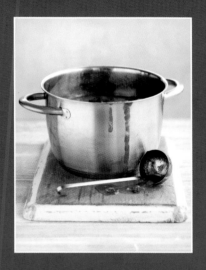

MODUS
VIVENDI

Copyright du texte © 2008 Louise Pickford
Copyright du design et des photographies
© 2008 Ryland Peters & Small

Paru sous le titre original : *Sauces*

LES PUBLICATIONS MODUS VIVENDI INC.
55, rue Jean-Talon Ouest, 2e étage
Montréal (Québec)
Canada
H2R 2W8

Styliste : Louise Pickford
Design de la couverture : Catherine Houle

Traduction française : Marie-Jo Levadoux
Révision : Guy Perreault

Dépôt légal : Bibliothèque et Archives
              nationales du Québec, 2008
Dépôt légal : Bibliothèque et Archives Canada,
              2008

ISBN-13 978-2-89523-519-4

Nous reconnaissons l'aide financière du gouvernement du Canada par l'entremise du Programme d'aide au développement de l'industrie de l'édition (PADIÉ) pour nos activités d'édition.

Gouvernement du Québec – Programme de crédit d'impôt pour l'édition de livres – Gestion SODEC

Imprimé en Chine.

Remarques

*Toutes les mesures sont à la cuillère rase sauf indication contraire.

*Tous les œufs sont moyens, sauf indication contraire. Les recettes qui contiennent des œufs cuits ou semi-cuits ou des poissons ou coquillages crus, ne doivent pas être servies aux enfants en bas âge, aux personnes âgées, aux femmes enceintes ou à qui que ce soit ayant un système immunitaire déficient.

*Pour stériliser les bouteilles et les bocaux, lavez-les à l'eau savonneuse, rincez-les soigneusement, puis faites-les bouillir 10 minutes dans une grande quantité d'eau. Prenez des pinces pour les sortir de l'eau. Ils doivent être remplis secs mais encore chauds. Si la sauce est froide, laissez refroidir le bocal avant de le remplir.

Remerciements de l'auteure

J'aimerais remercier mon mari Ian pour ses magnifiques photographies – je pense que ce sont certaines de ses meilleures prises – et, bien sûr, pour être mon goûteur numéro un et mon critique le plus sévère! Merci à David Morgan pour son goût exquis dans la présentation des plats. Merci à Jennifer Tolhurst pour son aide sur les prises de vue – comme toujours, c'était un grand plaisir de travailler avec elle. Merci à tous ceux qui m'ont aidée à créer ce livre si spécial. Un grand merci aussi à Alison, Paul, Ann et Céline chez RPS pour leur travail et leur soutien inlassable.

Un gros merci également aux magasins de Sydney suivants pour le prêt des accessoires :

Mud Australia (www.mudaustralia.com)

Papaya (www.papaya.com.au)

Simon Johnson (www.simonjohnson.com.au)

Aeria Country Floors

TABLE DES MATIÈRES

INTRODUCTION

Les sauces se divisent en deux grandes catégories : celles qui accompagnent l'aliment principal d'un plat et celles qui en forment la base comme dans un ragoût. Ce livre est axé sur la première catégorie et offre une grande diversité de sauces allant des sauces et émulsions françaises classiques aux salsas italiennes plus rustiques, aux trempettes asiatiques, aux sauces à salade et aux coulis sucrés. Tous les fonds de sauces classiques sont couverts, et si certaines recettes sont familières, d'autres sont parées de nouveauté et offrent des tas de nouvelles idées.

En regardant l'histoire des sauces et de leur création, il est clair que la plupart sont d'origine française, et bien que certaines remontent à plusieurs centaines d'années, beaucoup sont issues de recettes inventées au dix-neuvième siècle et au début du vingtième siècle par de célèbres chefs français comme Carême et Escoffier. Les sauces proposées dans cet ouvrage sont les plus courantes, comme la béchamel, le velouté, la glace, la mayonnaise et la hollandaise, pour n'en nommer que quelques-unes. Aujourd'hui, la définition de « sauce » va beaucoup plus loin. Il n'y a qu'à voir les salsas aux herbes d'Italie, les sauces aux noix d'Afrique du Nord, les trempettes épicées d'Asie du Sud-Est et les sauces à salade de tous les coins du monde. Huiles, marinades et vinaigres aromatisés ont tous un rôle à jouer et se retrouvent souvent à la base d'une sauce.

Quelle que soit la sauce à préparer, son objectif premier est de valoriser l'aliment principal qu'elle va accompagner, pas de le dominer. Les recettes de ce livre sont classées en fonction de ce qu'elles accompagnent généralement – viande, poisson, pâtes et légumes – mais certaines sont polyvalentes. Mes suggestions d'accompagnement ont une préférence personnelle, et c'est à vous de choisir le type de sauce que vous allez servir avec votre plat. Il en est de même de l'assaisonnement, il variera selon votre goût. Les conseils que je donne suivent les miens et je vous encourage donc à goûter tout au long de la cuisson. De ce fait, vous serez à même d'ajouter un peu plus d'assaisonnement si nécessaire.

TYPES DE SAUCES

Sauces épaissies   Un roux est une sauce épaissie faite avec une quantité égale de beurre et de farine qui sont cuits ensemble avant l'ajout d'un liquide. Lorsque le mélange bout, la sauce épaissit. Le roux le plus connu est la Béchamel (voir page 16).

Un beurre manié est également fait avec des quantités égales de farine et de beurre, mais cette fois le mélange est battu et incorporé cru dans la sauce vers la fin de la cuisson. La sauce épaissit lorsqu'elle recommence à bouillir. Cette méthode est plus couramment utilisée pour les plats braisés et les ragoûts.

D'autres épaississants de dernière minute, comme la fécule de maïs, sont très utilisés dans la cuisine chinoise pour donner de la viscosité à la sauce. Dans certaines, les jaunes d'œufs et la crème sont incorporés en fin de cuisson, afin d'épaissir et d'enrichir la sauce.

Sauces réduites   Les bouillons et autres liquides sont souvent réduits en bouillant pour épaissir la sauce tout en concentrant sa saveur. Cette méthode est surtout utilisée dans les cuisines professionnelles, où les jus sont réduits tout doucement dans de grandes marmites jusqu'à devenir de riches glaces, comme la glace de viande (voir page 10).

Émulsions   Cette sauce est créée par deux ingrédients très différents : un liquide à base d'eau et un corps gras ou huileux. Ils sont battus vigoureusement pour former un mélange onctueux qui est stabilisé par l'ajout de jaunes d'œufs. La plus classique est la mayonnaise (voir page 20) qui est une sauce froide aux œufs, faite en ajoutant au fouet de l'huile dans des jaunes d'œufs, du vinaigre (ou du jus de citron) et de la moutarde, et la hollandaise (voir page 18) qui est une sauce chaude aux œufs faite en incorporant des jaunes d'œufs sur le feu pour créer un mélange épais et stable.

Une émulsion simplifiée est le beurre blanc (voir page 77). La sauce est faite en incorporant du beurre à une réduction de vinaigre (ou de jus de citron). Ici, l'absence de jaunes d'œufs en fait la plus délicate des émulsions. Le beurre blanc est toujours servi tiède parce qu'il se sépare s'il est trop chaud.

Coulis Les légumes et les fruits faciles à mettre en purée donnent aux sauces un goût rafraîchissant, comme la sauce Melba (voir page 92). Les sauces telles que la Salsa Verde italienne (voir page 32) et la sauce au cari vert (voir page 40) sont aussi des types de sauces purées. Traditionnellement, elles étaient préparées au pilon dans un mortier.

Sauces enrichies Le beurre est souvent utilisé pour donner de la richesse à certaines sauces, surtout aux jus de viande. Cela s'appelle « monter » une sauce. Juste avant de servir, la casserole est retirée du feu (ou gardée à feu doux) et une petite quantité de beurre réfrigéré, non salé, est incorporé graduellement en faisant doucement tourner la casserole, permettant ainsi au beurre de fondre dans le jus jusqu'à le glacer.

ÉQUIPEMENT

Vous n'avez pas besoin d'un équipement de spécialiste pour faire une sauce. Voici les instruments essentiels :

Casseroles et marmites Il est important d'avoir une bonne gamme de casseroles de tailles différentes, en commençant par une grande marmite en aluminium (capacité de 3,6 litres). Pour le reste, achetez les meilleures casseroles possible – celles en acier inoxydable avec une couche de cuivre épaisse à la base sont parfaites parce que le cuivre est un excellent conducteur de chaleur. Un pot à lait avec un couvercle pour verser les sauces directement dans les assiettes est très pratique.

Passoires Utilisez une grande passoire large pour passer les sauces au début de la préparation, et une passoire fine et conique pour passer les sauces une fois finies – ceci leur donne une belle consistance.

Batteurs Vous avez besoin d'au moins un fouet à main et d'un batteur électrique pour incorporer de grandes quantités d'huile ou de beurre.

Cuillères en bois L'épaisseur de certaines sauces est mesurée par la façon dont elles recouvrent le dos d'une cuillère de bois (voir page 88). Achetez-en un assortiment et essayez de les garder séparées pour les sauces sucrées et salées car elles risquent de se décolorer.

Tasses à mesurer Achetez-en de plusieurs tailles, en commençant par une de 500 ml (2 tasses) jusqu'à une d'au moins 2 litres (9 tasses).

Balances Chaque cuisine doit avoir plusieurs bonnes balances – les électroniques sont les plus précises.

Mixeur C'est un outil essentiel pour réduire les sauces en purée et faire les pâtes et les trempettes.

Moulin à épices Il est utile mais pas essentiel et un moulin à café suffira.

Pilon et mortier Ils peuvent être utilisés à la place d'un moulin à épices ou à café. Ils sont relativement bon marché et dureront toute une vie.

INGRÉDIENTS

Beurre Il vaut mieux utiliser du beurre non salé ou très peu dans les sauces, car cela donne un meilleur résultat et permet de contrôler le niveau de sel de la préparation.

Œufs Utilisez des œufs de plein air si possible et vérifier toujours la date d'expiration de manière à utiliser les œufs les plus frais disponibles. Si vous gardez vos œufs au réfrigérateur, mettez-les à température ambiante 1 heure avant de les utiliser.

Crème La double crème est meilleure pour les sauces, car c'est la plus stable et elle peut être bouillie et réduite sans se décomposer. On peut aussi utiliser de la crème fraîche, de la crème fleurette ou de la crème à fouetter, en faisant attention à ne pas la laisser se diviser.

Sel et poivre Utilisez du sel de mer et du poivre noir fraîchement moulu.

Bouquet garni C'est un ajout utile pour les bouillons. Enveloppez-le de mousseline au lieu de peau de poireau, si vous préférez.

un poireau de 7,5 cm (3 po) de long
une branche de céleri de 7,5 cm (3 po) de long
1 gousse d'ail, pelée
2 feuilles de laurier fraîches (ou 1 sèche)
2 brins de persil à feuilles plates frais
2 brins de thym frais
6 grains de poivre noir

Enlever la couche externe du poireau (réservant le reste pour le bouillon) et l'ouvrir à plat. Mettre les autres ingrédients sur la peau du poireau (ou un morceau de mousseline), puis le rouler bien serré. Ficeler avec du fil de cuisine.

LES
CLASSIQUES

BOUILLON DE BŒUF

Un bouillon de bœuf bien parfumé fera toute la différence dans une sauce. Le plat de côtes du bœuf est disponible avec ou sans l'os, mais pour un bouillon particulièrement goûteux, il faut l'acheter avec l'os.

**60 ml (4 c. à soupe)
d'huile d'olive extra vierge
2 kg (4½ lb) de plat
de côtes, coupées
en morceaux
3 gros oignons, hachés**

**4 carottes, hachées
4 branches de céleri,
hachées
1 bouquet garni** (voir page 7)
10 ml (2 c. à thé) de sel
Donne environ 2 litres (9 tasses)

[1] Chauffer l'huile d'olive dans une grande casserole et faire frire le plat de côtes en plusieurs fois jusqu'à ce qu'il soit bien revenu.

[2] Ajouter les autres ingrédients et 4 litres (18 tasses) d'eau froide et porter doucement à ébullition en écumant régulièrement la surface. Couvrir partiellement la casserole et laisser mijoter 3 à 4 heures, jusqu'à ce que le bouillon ait réduit de moitié et rendu toute sa saveur. Assaisonner au goût.

[3] Passer le bouillon dans une fine passoire et laisser refroidir. Se conserve 3 jours au réfrigérateur.

[4] Pour utiliser le bouillon, enlever l'épaisse couche de graisse de la surface.

Variante : **GLACE DE VIANDE**

Remettre le bouillon passé dans une casserole propre et laisser mijoter jusqu'à ce qu'il soit réduit à environ 300 ml (1¼ tasse). Laisser refroidir. Se conserve 1 mois au réfrigérateur.

BOUILLON DE POULET

**un poulet de 2 kg (4½ lb),
lavé
2 oignons, hachés
2 carottes, hachées
2 branches de céleri,
hachées
2 poireaux, hachés
2 gousses d'ail, pelées
1 bouquet garni**
(voir page 7)
**10 ml (2 c. à thé)
de sel de mer**

Donne environ 2 litres (9 tasses)

Garder le bouillon toute la nuit au réfrigérateur pour permettre à la graisse de se solidifier à la surface et pour pouvoir l'enlever facilement.

Mettre le poulet dans une grande marmite avec tous les ingrédients et recouvrir d'eau froide (environ 2 litres ou 9 tasses).

Porter doucement à ébullition, en écumant régulièrement la surface. Couvrir partiellement et laisser mijoter pendant 3 heures. Passer le bouillon dans une fine passoire, laisser refroidir, puis mettre au réfrigérateur jusqu'au lendemain.

Enlever l'épaisse couche de graisse de la surface. Se conserve 3 jours au réfrigérateur.

2

3

4

BOUILLON DE BŒUF

1 kg (2¼ lb) de chutes
de poissons
750 ml (3 tasses) de vin
blanc sec
15 ml (1 c. à soupe)
de vinaigre de vin blanc
2 grosses carottes, hachées
1 oignon, haché
2 branches de céleri,
hachées
1 poireau, haché
2 gousses d'ail, pelées
1 bouquet garni
(voir page 7)
5 ml (1 c. à thé) de sel
de mer

DONNE ENVIRON 1,25 LITRE
(5 TASSES)

BOUILLON DE POISSON

Le facteur important pour faire un bouillon de poisson est de ne laisser mijoter les chutes de poissons que 30 minutes, surtout si les têtes sont utilisées, sinon il devient amer. La plupart des poissonniers les donnent gracieusement.

Laver les chutes de poissons et les mettre dans une grande casserole avec tous les autres ingrédients et 1,5 litre (7 tasses) d'eau froide. Porter à ébullition, en écumant régulièrement la surface. Couvrir partiellement et laisser mijoter 30 minutes.

Avec une passoire fine, passer le bouillon dans une casserole propre et ramener à ébullition. Laisser mijoter à découvert pendant 15 minutes ou jusqu'à ce que le liquide ait réduit de moitié. Il doit rester environ 1,25 litre (5 tasses) de bouillon. Laisser refroidir. Se conserve 3 jours au réfrigérateur.

BOUILLON DE LÉGUMES

Il est vital d'extraire le maximum de saveur de votre bouillon, surtout un bouillon de légumes. L'ajout de lentilles ou de riz brun lui donnera un bon goût de terroir.

Chauffer l'huile d'olive dans une grande casserole et faire revenir l'ail, l'oignon et le poireau pendant 10 minutes. Ajouter les carottes, les pommes de terre et le céleri et faire frire 10 autres minutes ou jusqu'à ce qu'ils soient ramollis, mais pas colorés.

Ajouter le vin et faire bouillir rapidement 2 à 3 minutes ou jusqu'à ce qu'il soit presque complètement réduit. Ajouter les autres ingrédients et 1,75 litre (7¾ tasses) d'eau froide, porter à ébullition, couvrir et laisser mijoter pendant 1 heure.

Passer le bouillon dans une passoire fine, puis le laisser refroidir complètement. Se conserve 3 jours au réfrigérateur.

30 ml (2 c. à soupe) d'huile d'olive
extra vierge
2 gousses d'ail, pelées
1 oignon, grossièrement haché
1 gros poireau, haché
2 carottes, hachées
2 pommes de terre, coupées en dés
2 branches de céleri, hachées
150 ml (1 c. à soupe)
de vin blanc sec
1 tomate mûre, hachée
125 g (5 oz) de champignons,
hachés
50 g (2 oz) de lentilles rouges
1 bouquet garni (voir page 7)
10 ml (2 c. à thé) de sel de mer

DONNE ENVIRON 1,75 LITRE (7¾ TASSES)

CÔTELETTES D'AGNEAU POÊLÉES AVEC SAUCE BRUNE,
ÉPINARDS FANÉS ET TOMATES CERISES RÔTIES AU FOUR

SAUCE BRUNE

La sauce brune, ou *espagnole,* est d'origine française et date du dix-huitième siècle. La version originale, plutôt longue, s'est simplifiée au fil des ans pour devenir un roux brun plus simple. Elle est traditionnellement servie avec la viande rouge comme l'agneau ou le bœuf.

50 g (1¾ oz) de lard fumé, coupé en dés
25 g (1 c. à soupe) de beurre non salé
2 échalotes, finement hachées
1 carotte, finement hachée
100 g (3½ oz) de champignons, finement hachés
30 ml (2 c. à soupe) de farine
600 ml (¼ tasse) de bouillon de bœuf (voir page 10)
1 bouquet garni (voir page 7)
30 ml (2 c. à soupe) de coulis de tomates
15 ml (1 c. à soupe) de xérès sec
sel de mer et poivre noir fraîchement moulu

Donne environ 300 ml (1¼ tasse)

Faire dorer le lard 3 à 4 minutes ou jusqu'à ce qu'il soit roux et ait rendu sa graisse dans la casserole. Ajouter le beurre et faire revenir les échalotes, la carotte et les champignons à feu moyen pendant 8 à 10 minutes ou jusqu'à ce que les légumes soient roussis de tous les côtés.

Verser la farine et faire cuire 2 minutes. Retirer la casserole du feu et incorporer graduellement le bouillon de bœuf jusqu'à obtention d'une consistance onctueuse. Remettre sur le feu et porter lentement la sauce à ébullition en remuant constamment. Ajouter le bouquet garni, le coulis de tomates et l'assaisonnement. Couvrir partiellement et laisser mijoter 50 à 60 minutes en écumant la surface de temps en temps.

Avec une passoire fine, passer la sauce dans une casserole propre, ajouter le xérès et chauffer le tout. Servir chaud ou froid. Pour la garder, couvrir la surface de la sauce chaude avec de la pellicule plastique et laisser refroidir. Se conserve 3 jours au réfrigérateur.

DEMI-GLACE

Ce type de bouillon riche et très parfumé est typique de ceux faits dans les cuisines des restaurants, mais il peut facilement être fait chez soi. C'est un jus délicieux qui accompagne à merveille la viande rouge comme le filet de bœuf poêlé.

1 quantité de sauce brune (voir ci-dessus)
25 g (¾ oz) de champignons, finement hachés
5 ml (1 c. à thé) de coulis de tomates
30 ml (2 c. à soupe) de glace de viande (voir page 10)
15 ml (1 c. à soupe) de Madère
15 g (½ c. à soupe) de beurre non salé, réfrigéré et coupé en dés

Donne environ 250 ml (1 tasse)

Mettre la sauce brune, les champignons, le coulis de tomates, la glace de viande et le Madère dans une casserole et chauffer doucement jusqu'à ébullition. Laisser mijoter 5 minutes ou jusqu'à ce que le liquide ait réduit à environ 250 ml (1 tasse). Retirer la casserole du feu et ajouter le beurre au fouet, petit à petit, jusqu'à obtention d'un aspect brillant. Passer dans une fine passoire et servir avec un steak poêlé.

SAUCE BÉCHAMEL

La béchamel est un roux blanc classique : le beurre et la farine sont cuits tout doucement jusqu'à ce qu'ils soient légèrement dorés, puis on incorpore le lait bouillant. Cette sauce crémeuse est la base de nombreux plats, dont les lasagnes, mais est rarement servie comme sauce simple. Les quantités indiquées sont bonnes pour un plat de lasagnes pour 6 à 8 personnes.

2 oignons, grossièrement hachés
4 feuilles de laurier fraîches
4 clous de girofle, entiers
1,2 litre (5½ tasses) de lait

80 g (5 c. à soupe) de beurre non salé
80 g (¾ de tasse) de farine
sel de mer et poivre noir fraîchement moulu
Donne environ 1,2 litre (5¼ tasse)

Mettre les oignons, les feuilles de laurier, les clous de girofle, le lait et l'assaisonnement dans une casserole, porter à ébullition et retirer immédiatement du feu. Réserver et laisser infuser 20 minutes, puis égoutter.

Pour faire le roux, faire fondre le beurre dans une casserole, puis ajouter la farine et laisser cuire 1 minute à feu doux en remuant. Incorporer progressivement le lait et continuer à cuire en remuant jusqu'à ce que le mélange bouille. Laisser mijoter 2 minutes, puis retirer du feu.

Variante : **SAUCE MORNAY**

1 quantité de sauce béchamel (voir ci-dessus)
200 g (9 oz) de cheddar râpé ou d'un autre fromage

Chauffer la sauce béchamel et incorporer le cheddar en remuant jusqu'à ce qu'il ait fondu. Servir chaud.

VELOUTÉ

Le velouté, mot français qui signifie « comme du velours », est une autre sauce à base de roux, mais qui est faite cette fois avec du bouillon. Le roux cuit jusqu'à ce qu'il soit doré, puis le bouillon est ajouté et la sauce mijote jusqu'à réduction. Des jaunes d'œufs ou de la crème peuvent être incorporés pour enrichir le velouté. Il est souvent servi avec des plats de poulet.

500 ml (2 tasses) de bouillon de poulet (voir page 10)
25 g (2 c. à soupe) de beurre salé
25 g (2 c. à soupe) de farine
50 ml (¼ de tasse) de double crème

Donne environ 300 ml (1¼ tasse)

Mettre le bouillon dans une casserole et porter lentement à ébullition. Entre-temps, faire fondre le beurre dans une autre casserole et incorporer la farine. Faire cuire à feu doux 2 à 3 minutes ou jusqu'à ce que le mélange soit doré. Retirer du feu et incorporer le bouillon chaud au fouet jusqu'à ce qu'il soit bien mélangé.

Remettre la casserole sur le feu et porter à ébullition en battant constamment jusqu'à ce que la sauce épaississe. Laisser mijoter doucement pendant au moins 20 minutes en enlevant l'écume de temps en temps. Quand la sauce est brillante, incorporer la crème et ramener le tout au point de frémissement ; ne pas faire bouillir. Servir chaud.

1   2   3

SAUCE HOLLANDAISE

La hollandaise est une émulsion onctueuse de beurre, de vinaigre et d'œufs. Riche et veloutée, cette sauce est un pur délice avec les asperges, les artichauts ou le saumon poché.

150 g (⅔ de tasse) de beurre non salé
30 ml (2 c. à soupe) de vinaigre de vin blanc
1 échalote, finement hachée
une pincée de sel de mer
2 jaunes d'œufs

DONNE ENVIRON 200 ML (¾ TASSE)

[1] Faire fondre le beurre très doucement dans une petite casserole. Le verser dans un petit bocal à travers une passoire à thé recouverte de mousseline pour enlever les grumeaux.

[2] Mettre le vinaigre, l'échalote, le sel et 15 ml (1 c. à soupe) d'eau dans une petite casserole et chauffer doucement jusqu'à ce que le liquide soit presque entièrement évaporé, laissant seulement environ 15 ml (1 c. à soupe). Retirer du feu et mettre dans un bol en verre.

[3] Placer le bol au-dessus d'une casserole d'eau frémissante (ne pas laisser le bol toucher l'eau). Ajouter les jaunes d'œufs et battre le mélange au fouet pendant 2 minutes ou jusqu'à ce qu'il soit pâle et mousseux. Retirer du feu.

[4] Avec un batteur électrique, incorporer le beurre fondu en le versant lentement et régulièrement. Continuer à battre jusqu'à ce que la sauce soit épaisse et veloutée. Servir chaud.

VARIANTE : **SAUCE BÉARNAISE**

Il suffit d'ajouter de l'estragon aromatique à une émulsion hollandaise pour obtenir cette sauce classique si populaire avec le steak-frites.

30 ml (2 c. à soupe) de vinaigre d'estragon
1 brin d'estragon frais
15 ml (1 c. à soupe) d'estragon frais, haché

DONNE ENVIRON 200 ML (¾ TASSE)

Suivre la méthode indiquée pour la sauce hollandaise ci-dessus, mais remplacer le vinaigre de vin blanc par du vinaigre d'estragon et ajouter le brin d'estragon lors de la réduction. Incorporer l'estragon haché dans la sauce une fois finie.

3 jaunes d'œufs
10 ml (2 c. à thé)
de vinaigre de vin blanc
5 ml (1 c. à thé)
de moutarde de Dijon
300 ml (1¼ tasse)
d'huile d'olive
sel de mer et poivre blanc
fraîchement moulu
Donne environ 300 ml (1¼ tasse)

MAYONNAISE

La mayonnaise est une émulsion d'huile et de vinaigre à laquelle on ajoute des jaunes d'œufs pour la stabiliser. Je préfère utiliser une huile d'olive pure douce, car l'extra vierge est parfois âpre et amère.

Mettre les jaunes d'œufs, le vinaigre, la moutarde et un peu d'assaisonnement dans un bol. Battre le mélange à l'aide d'un batteur électrique jusqu'à obtention d'une mousse. Incor-porer l'huile d'olive très lentement, à petit filet. N'en verser à nouveau que lorsque l'émulsion est complète dans le récipient. Couvrir la surface de la sauce avec de la pellicule plastique. Se conserve 3 jours au réfrigérateur.

Remarque : Si la mayonnaise est trop épaisse, incorporer lentement 15 à 30 ml (1 à 2 cuillères à soupe) d'eau bouillante pour la liquéfier.

VARIANTE : **AÏOLI**

2 à 4 gousses d'ail, pelées
et écrasées

Mettre l'ail dans le bol avec les jaunes d'œufs, le vinaigre, la moutarde et le sel et le poivre et continuer à suivre la recette.

MAYONNAISE AU SÉSAME ET À LA LIME

L'huile et les graines de sésame donnent un parfum exotique à la mayonnaise. Servir avec un plat de légumes crus ou cuits à la vapeur.

15 ml (1 c. à soupe)
de graines de sésame
1 gousse d'ail, pelée
3 jaunes d'œufs
20 ml (4 c. à thé) de jus
de lime fraîchement pressé
250 ml (1 tasse) d'huile d'olive
10 ml (2 c. à thé) d'huile
de sésame grillée
sel de mer et poivre noir
fraîchement moulu
Donne environ 250 ml (1 tasse)

Mettre les graines de sésame et l'ail dans un mortier avec une bonne pincée de sel et piler pour former une pâte onctueuse. Transférer dans un bol et ajouter les jaunes d'œufs, le jus de lime et un peu de poivre.

À l'aide d'un batteur électrique, battre le mélange jusqu'à ce qu'il soit mousseux. Incorporer l'huile d'olive très lentement, à petit filet. N'en verser à nouveau que lorsque l'émulsion est complète dans le récipient. Incorporer l'huile de sésame et assaisonner au goût.

BEURRES AROMATISÉS

Un beurre aromatisé aux fines herbes, aux épices et à d'autres condiments est un super élément de base à avoir à portée de main pour réaliser un plat rapide et simple. Vous pouvez ajouter une quantité quasiment infinie d'aromates au beurre à servir avec n'importe quel type de viande, de poisson ou de légume. Je vous offre quelques-uns de mes préférés et vous encourage à les essayer avec vos aromates favoris. Les recettes ci-dessous sont pour 4 à 6 personnes.

BEURRE AUX CÂPRES

30 ml (2 c. à soupe) de câpres saumurées, dessalées et séchées
125 g (½ tasse) de beurre non salé, ramolli

15 ml (1 c. à soupe) de persil à feuilles plates frais, haché
5 ml (1 c. à thé) de zeste de citron, finement râpé
poivre noir fraîchement moulu

Pour 4 à 6 personnes

Hacher finement les câpres et les mettre dans un bol avec le beurre, le persil, le zeste de citron et le poivre. Battre à l'aide d'une fourchette jusqu'à l'obtention d'un mélange homogène. Transférer le beurre sur un petit morceau de papier sulfurisé et le rouler en forme de bûche. Envelopper le papier autour du beurre et tordre les extrémités pour le fermer. Réfrigérer ou congeler au besoin. Servir en tranches.

Variantes : BEURRE AUX FINES HERBES

30 ml (2 c. à soupe) de fines herbes hachées, telles que basilique, ciboulette, aneth, menthe ou persil
sel de mer et poivre noir fraîchement moulu

Battre les fines herbes dans 125 g (½ tasse) de beurre non salé ramolli, puis assaisonner. Transférer sur un petit morceau de papier sulfurisé et continuer comme indiqué dans la recette de beurre aux câpres ci-dessus.

BEURRE AU SAFRAN

une grosse pincée de safran
5 ml (1 c. à thé) d'eau bouillante
sel de mer et poivre noir fraîchement moulu

Faire tremper le safran dans l'eau bouillante pendant 10 minutes, puis le battre dans 125 g (½ tasse) de beurre non salé ramolli et assaisonner. Transférer sur un petit morceau de papier sulfurisé et continuer comme indiqué dans la recette de beurre aux câpres ci-dessus.

BEURRE AU FENOUIL ET À L'ORANGE

10 ml (2 c. à thé) de graines de fenouil
zeste finement râpé d'une orange non paraffinée
sel de mer et poivre noir fraîchement moulu

Sécher les graines de fenouil en les faisant revenir dans une poêle jusqu'à ce qu'elles soient grillées et embaument. Laisser refroidir, écraser légèrement dans un mortier et les incorporer au fouet dans 125 g (½ tasse) de beurre non salé ramolli avec le zeste de l'orange et l'assaisonnement. Transférer sur un petit morceau de papier sulfurisé et continuer comme indiqué dans la recette de beurre aux câpres ci-dessus.

BEURRE À LA CORIANDRE, À LA LIME ET AU PIMENT

zeste râpé d'une lime non paraffinée
15 ml (1 c. à soupe) de coriandre fraîche, hachée
1 gros piment rouge, égrainé et finement haché
sel de mer et poivre noir fraîchement moulu

Battre le zeste de lime, la coriandre et le piment dans 125 g (½ tasse) de beurre non salé ramolli et assaisonner. Transférer sur un petit morceau de papier sulfurisé et continuer comme indiqué dans la recette de beurre aux câpres ci-dessus.

SAUCES
POUR LA
VIANDE
ET LA
VOLAILLE

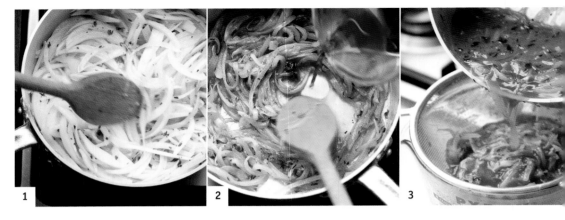

1   2   3

JUS

Les meilleurs jus sont faits dans la cocotte lorsque la viande cuite est réservée. Le jus doit accompagner la viande avec laquelle il est servi, sans la dominer, et tout ce dont vous avez besoin est du jus du plat, d'un peu de vin (blanc, rouge ou même Madère ou porto) et de bouillon ou d'eau, pour créer une sauce parfaite, dont le parfum délicat rehaussera votre rôti du dimanche.

jus du plat de cuisson du bœuf, poulet, porc ou agneau
100 ml (½ tasse) de vin blanc, rouge ou Madère ou Porto
175 ml (¾ tasse) de bouillon de poulet ou de bœuf (voir page 10)

Pour 4 à 6 personnes

Retirer autant de gras que possible en ne laissant que le beau jus de la viande. Mettre la casserole sur un feu moyen.

Ajouter le vin et gratter les morceaux savoureux collés au fond du plat. Faire bouillir 1 à 2 minutes, puis ajouter le bouillon et laisser mijoter 3 à 4 minutes ou jusqu'à ce qu'il ait légèrement réduit. Filtrer avant de servir.

JUS AU PORTO, AUX OIGNONS ET AU THYM

Cette sauce riche va à merveille avec les saucisses et la purée.

75 g (5 c. à soupe) de beurre non salé, réfrigéré et coupé en dés
2 oignons, finement tranchés
1 gousse d'ail, pelée et écrasée
15 ml (1 c. à soupe) de thym frais, haché
75 ml (¼ tasse)de porto Ruby
500 ml (2 tasse) de bouillon de bœuf (voir page 10)
sel de mer et poivre noir fraîchement moulu

Pour 4 personnes

[1] Faire fondre 50 g (3 c. à soupe) de beurre dans une casserole et faire revenir doucement les oignons, l'ail et le thym avec un peu d'assaisonnement pendant 15 à 20 minutes ou jusqu'à ce qu'ils soient légèrement dorés.

[2] Ajouter le porto, faire bouillir rapidement pendant 1 minute, puis ajouter le bouillon. Laisser mijoter 10 minutes ou jusqu'à ce que le liquide ait réduit de moitié.

[3] Passer la sauce dans une passoire fine et la remettre dans la casserole. Réserver les oignons.

[4] Faire mijoter doucement à feu doux et incorporer le reste de beurre en petits morceaux jusqu'à ce que la sauce soit brillante. Remettre la moitié des oignons dans la casserole, chauffer et servir chaud.

4

SAUCISSES ET PURÉE AVEC SAUCE AU PORTO,
AUX OIGNONS ET AU THYM

SAUCE AU PAIN

L'infusion de lait, de clous de girofle et de feuilles de laurier donne à cette sauce délicieuse un fini aromatique incomparable. Bien que servie traditionnellement avec la dinde rôtie, la sauce au pain est aussi délicieuse avec le poulet rôti et la pintade.

300 ml (1¼ tasse) de lait	15 g (1c. à soupe) de beurre non salé
½ oignon, pelé	noix de muscade fraîchement râpée
6 clous de girofle entiers	sel de mer et poivre noir fraîchement moulu
1 feuille de laurier, fraîche	
75 g (2½ oz)de vieux pain, émietté	POUR 4 PERSONNES

Verser le lait dans une casserole. Piquer les clous de girofle dans l'oignon et mettre dans la casserole avec la feuille de laurier et un peu d'assaisonnement. Chauffer tout doucement jusqu'à ce que le lait bouille, puis retirer du feu. Réserver et laisser infuser 20 minutes.

Jeter l'oignon et la feuille de laurier et remettre la casserole à feu doux. Ajouter le pain et le beurre et remuer jusqu'à ce que la sauce épaississe et devienne onctueuse. (On peut aussi réduire la sauce en purée avec un mixeur à main, si on préfère.) Assaisonner au goût et servir saupoudrée de noix de muscade.

SAUCE AUX CANNEBERGES, AU PORTO ET À L'ORANGE

Le rôti de dinde ne serait pas le même sans une cuillerée de sauce piquante aux canneberges. Utilisez des canneberges surgelées si nécessaire.

500 g (18 oz) de canneberges fraîches
180 g (¾ tasse) de sucre granulé
zeste râpé et jus de 2 oranges
125 ml (½ tasse) de porto Ruby
1 branche de cannelle, pilée

POUR 8 PERSONNES

Mettre les canneberges, le sucre, le zeste et le jus de l'orange, le porto et la cannelle dans une casserole et chauffer doucement jusqu'à ce que le sucre soit dissout. Porter à ébullition et laisser mijoter doucement 20 minutes ou jusqu'à ce que les canneberges soient ramollies. Retirer et jeter la cannelle.

Avec une cuillère à rainures, enlever la moitié des canneberges et les réserver dans un bol. Transférer le reste de la casserole dans un mixeur et broyer jusqu'à obtention d'une crème. Incorporer les canneberges réservées et laisser refroidir.

CRÈME FRAÎCHE AU RAIFORT

200 ml (¾ tasse) de crème fraîche
30 ml (2 c. à soupe) de raifort fraîchement râpé
5 ml (1 c. à thé) de jus de citron fraîchement pressé
une pincée de sucre en poudre
15 ml (1 c. à soupe) de ciboulette fraîchement coupée
sel de mer et poivre noir fraîchement moulu

POUR 6 À 8 PERSONNES

Certaines choses sont faites pour aller ensemble, comme le bœuf et le raifort, car l'acidité de ce dernier contrebalance la richesse du steak.

Mettre la crème fraîche dans un bol et incorporer le raifort, le jus de citron, le sucre et l'assaisonnement. Couvrir et réfrigérer 1 heure pour permettre aux saveurs de se développer. Incorporer la ciboulette et servir avec un steak poêlé.

Remarque : La racine de raifort fraîche est disponible dans les bons magasins d'alimentation. Elle se conserve bien 3 mois au réfrigérateur, enveloppée dans un sac en plastique opaque. Vous pouvez également acheter le raifort frais, râpé, en pots.

SAUCE AUX CANNEBERGES, AU PORTO ET À L'ORANGE

POULET GRILLÉ AVEC CONFITURE D'OIGNONS,
CITRONS CARBONISÉS ET ROQUETTE

CONFITURE D'OIGNONS

Bien qu'idéale avec le poulet grillé, la confiture d'oignons est particulièrement polyvalente et peut être servie comme un chutney avec de la viande froide et du fromage ou étalée dans un sandwich. Elle se conserve bien au réfrigérateur, mais je doute que ce soit pour longtemps car elle est trop bonne.

60 ml (4 c. à soupe) d'huile d'olive extra vierge
4 oignons, finement tranchés
4 branches de thym frais, légèrement pilées
100 g (½ tasse) de cassonade
100 ml (7 c. à soupe) de vinaigre de vin rouge
60 ml (4 c. à soupe) de gelée de groseille
sel de mer et poivre noir fraîchement moulu

POUR 6 À 8 PERSONNES

Chauffer l'huile d'olive dans une casserole et faire doucement revenir les oignons et les branches de thym avec l'assaisonnement pendant 20 à 25 minutes ou jusqu'à ce que le mélange soit ramolli et doré. Retirer le thym et incorporer la cassonade, le vinaigre et la gelée. Laisser mijoter 6 à 8 minutes ou jusqu'à ce que la sauce soit épaisse et ressemble à une confiture. Verser directement dans un bocal stérilisé (voir page 4) et laisser refroidir.

Remarque : Une fois ouverte, la confiture se conserve 2 semaines au réfrigérateur.

AÏOLI AUX COINGS

Cette recette, adaptée du magnifique livre de Diana Henry sur la cuisine méditerranéenne et du Moyen-Orient, *Crazy Water*, *Pickled Lemons*, combine des fruits avec de l'ail et de l'huile pour créer une savoureuse mayonnaise. Malgré son côté insolite, elle est absolument délicieuse et va extrêmement bien avec le rôti de porc, d'agneau et de poulet.

350 g (1½ tasse) de coings, pelés, dénoyautés et coupés en dés
1 gousse d'ail, pelée et écrasée
7,5 ml (½ c. à soupe) de jus de citron fraîchement pressé
5 ml (1 c. à thé) de moutarde de Dijon
5 ml (1 c. à thé) de sucre en poudre
100 ml (7 c. à soupe) d'huile d'olive
sel de mer et poivre noir fraîchement moulu

POUR 6 À 8 PERSONNES

Mettre les coings dans une casserole remplie d'eau froide et porter à ébullition. Couvrir et laisser mijoter doucement environ 20 minutes ou jusqu'à ce que les fruits soient très tendres. Égoutter et laisser refroidir.

Mettre les coings, l'ail, le jus de citron, la moutarde, le sucre et l'assaisonnement dans un mixeur et battre jusqu'à obtention d'une pâte onctueuse. Verser l'huile d'olive à petit filet jusqu'à ce que la sauce soit épaisse et brillante. Assaisonner au goût.

SALSA VERDE

Cette sauce italienne aux fines herbes est piquante et a un goût prononcé de câpres et d'olives vertes. Elle se marie particulièrement bien avec l'agneau grillé, mais s'accorde pratiquement avec tout selon les fines herbes utilisées. J'ai toujours un pot de salsa verde dans mon réfrigérateur pour servir avec les viandes, le poisson grillé comme le thon ou l'espadon ou à étaler dans un sandwich.

Mettre tous les ingrédients, sauf l'huile d'olive, dans un mixeur et battre jusqu'à obtention d'une pâte onctueuse ou utiliser un mortier et un pilon. Incorporer l'huile d'olive à petit filet pour monter la sauce. Assaisonner au goût. Se conserve 3 jours au réfrigérateur.

**25 g (¾ oz) de persil
à feuilles plates frais
25 g (¾ oz) de fines herbes fraîches
(p. ex., menthe, basilic ou ciboulette)
1 gousse d'ail, pelée et hachée
15 ml (1 c. à soupe) d'olives vertes
dénoyautées
15 ml (1 c. à soupe) de câpres
saumurées, dessalées et lavées
2 filets d'anchois à l'huile,
égouttés et hachés
5 ml (1 c. à thé) de moutarde de Dijon
10 ml (2 c. à thé) de vinaigre
de vin blanc
125 à 150 ml (½ à ⅔ tasse)
d'huile d'olive extra vierge
sel de mer et poivre noir
fraîchement moulu**

Pour 6 à 8 personnes

**2 gros poivrons rouges
30 ml (2 c. à soupe) d'huile d'olive
extra vierge
3 gousses d'ail, pelées et écrasées
350 g (1½ tasse) de tomates de
vigne mûres, grossièrement hachées
30 ml (2 c. à soupe) de vinaigre
de vin rouge
5 ml (1 c. à thé) d'origan sec
2,5 ml (½ c. à thé) de sucre en
poudre
une pincée de miettes
de piment séché
sel de mer et poivre noir
fraîchement moulu**

Pour 4 personnes

SALSA ROSSA

Cette sauce italienne piquante contient des poivrons rouge grillés, ce qui lui donne une magnifique couleur et une merveilleuse odeur de fumée. Elle accompagne à merveille l'agneau au barbecue ou peut être servie avec un poisson riche comme le thon ou l'espadon.

Griller les poivrons au barbecue jusqu'à ce qu'ils soient carbonisés (environ 10 minutes). Les sceller dans un sac en plastique et les laisser refroidir 1 heure. Les peler et les épépiner en réservant le jus, puis en hacher grossièrement la chair.

Chauffer l'huile d'olive dans une petite casserole et faire doucement revenir l'ail pendant 3 minutes. Ajouter les poivrons et leur jus, les tomates, le vinaigre, l'origan, le sucre, les miettes de piment et l'assaisonnement. Porter à ébullition et laisser mijoter à feu moyen pendant 30 minutes ou jusqu'à épaississement de la sauce. Laisser refroidir légèrement, puis verser dans un mixeur et mélanger pour obtenir une sauce onctueuse. Servir à température ambiante.

HAUT : SALSA VERDE
BAS : SALSA ROSSA

CÔTELETTE DE PORC POÊLÉE AVEC SAUCE MARSALA, POMMES ET SAUGE

SAUCE MARSALA

Le Marsala est un vin fortifié qui vient de Sicile et qui adoucit et parfume cette sauce aux fines herbes. Un délice avec du porc ou du veau.

**75 g (5 c. à soupe) de beurre non salé, réfrigéré et coupé en dés
2 échalotes, finement hachées
1 petite gousse d'ail, pelée et écrasée
10 ml (2 c. à thé) de sauge fraîche, hachée
120 ml (½ tasse) de Marsala
150 ml (⅔ tasse) de bouillon de poulet** (voir page 10)
sel de mer et poivre noir fraîchement moulu

POUR 4 PERSONNES

Chauffer 25 g (2 c. à soupe) de beurre dans une petite casserole et faire doucement revenir les échalotes, l'ail et la sauge pendant 5 minutes ou jusqu'à ce que le mélange ait ramolli. Ajouter le Marsala et faire bouillir rapidement pendant 1 à 2 minutes ou jusqu'à ce qu'il ait réduit de moitié. Ajouter le bouillon et laisser mijoter 5 minutes.

Avec une passoire fine, filtrer la sauce dans une casserole propre, puis la réchauffer doucement et graduellement en incorporant le reste de beurre par petits morceaux jusqu'à obtention d'un mélange épais et brillant. Assaisonner au goût. Servir chaud.

SAUCE MOUTARDE

La combinaison des deux types de moutarde donne à cette sauce une saveur intense et une texture agréablement croustillante. Elle est idéale avec le porc ainsi qu'avec le veau ou le lapin.

**quatre côtelettes de porc (200 g ou 67 oz)
25 g (2 c. à soupe) de beurre non salé
30 ml (2 c. à soupe) d'huile d'olive
150 ml (⅔ tasse) de bouillon de poulet** (voir page 10)
**15 ml (1 c. à soupe) de moutarde de Dijon
15 ml (1 c. à soupe) de moutarde en grains
100 ml (3 oz) de double crème
sel de mer et poivre noir fraîchement moulu**

POUR 4 PERSONNES

Assaisonner les côtelettes des deux côtés. Chauffer le beurre et l'huile d'olive dans une grande poêle à fond épais. Dès que le beurre arrête de mousser, ajouter les côtelettes et faire cuire 3 à 4 minutes de chaque côté ou jusqu'à ce qu'elles soient roussies et bien cuites. Mettre le porc sur un plat et garder au chaud.

Verser le bouillon dans la poêle, en grattant les morceaux de viande du fond. Porter à ébullition, ajouter les deux moutardes et laisser mijoter 3 à 4 minutes. Incorporer doucement la crème et laisser mijoter 2 à 3 autres minutes. Remettre le porc dans la poêle, l'imbiber de sauce et servir chaud. Assaisonner au goût.

500 g (18 oz) de prunes violettes, coupées en deux et dénoyautées

250 ml (1 tasse) de saké chinois

30 ml (2 c. à soupe) de vinaigre de riz

30 ml (2 c. à soupe) de miel clair

30 ml (2 c. à soupe) de sauce soya foncée

2,5 à 5 ml (½ à 1 c. à thé) de sauce aux piments forts

Donne environ 300 ml
(1¼ tasse)

SAUCE FRAÎCHE AUX PRUNES

Cette sauce chinoise classique est étonnamment simple à réaliser et a un goût frais délicieux. Elle accompagne toutes sortes de plats de canard, dont le canard Pékin.

Mettre les prunes, le saké et le vinaigre dans une casserole et porter à ébullition. Couvrir et laisser mijoter 20 minutes.

Écraser les prunes, puis filtrer le jus dans une casserole propre à l'aide d'une fine passoire. Ajouter le miel, la sauce soya et la sauce aux piments, porter à ébullition et laisser mijoter 15 à 20 minutes ou jusqu'à ce que la sauce soit épaisse et sirupeuse. Verser dans une bouteille stérilisée (voir page 4), laisser refroidir et sceller. Se conserve 2 semaines au réfrigérateur.

SAUCE AUX CERISES SURES

Les cerises sures sont généralement vendues sèches dans les magasins d'alimentation spécialisés et les magasins de produits diététiques. Ici, elles sont combinées avec des saveurs à la fois orientales et occidentales pour créer une sauce délicieuse à servir avec le canard ou le gibier.

Mettre le sirop de gingembre, le vinaigre balsamique, les cerises, le vin et la cannelle dans une casserole, porter à ébullition et laisser mijoter doucement 6 à 10 minutes ou jusqu'à ce que la sauce soit épaisse et sirupeuse.

Enlever la cannelle, retirer la casserole du feu et incorporer la sauce soya et le gingembre coupé en dés. Servir chaud.

15 g (1 c. à soupe) de gingembre coupé en dés, plus 30 ml (2 c. à soupe) du sirop

45 ml (3 c. à soupe) de vinaigre balsamique

100 g (3,5 oz) de cerises sures séchées

175 ml (¾ tasse) de vin rouge fruité

1 bâton de cannelle, pilé

15 ml (1 c. à soupe) de sauce soya foncée

Pour 4 personnes

ROULEAUX DE CANARD PÉKIN AVEC SAUCE FRAÎCHE
AUX PRUNES, CONCOMBRE ET OIGNON BLANC

CARRÉ DE CÔTES DE PORC AU BARBECUE AVEC SAUCE BARBECUE

SAUCE BARBECUE

Une bonne sauce barbecue doit être piquante, fumée et riche, juste comme celle-ci. Servir avec des hamburgers ou avec du bœuf, de l'agneau ou du poulet au barbecue.

200 ml (7 oz) de passata
100 ml (3,5 oz) de sirop d'érable
50 ml (1½ oz) de mélasse noire
50 ml (1½ oz) de ketchup
50 ml (1½ oz) de vinaigre de malte
45 ml (3 c. à soupe) de sauce Worcestershire
15 ml (1 c. à soupe) de moutarde de Dijon
5 ml (1 c. à thé) d'ail en poudre
une pincée de paprika fumé
sel de mer et poivre noir fraîchement moulu

Donne environ 400 ml (1⅔ tasse)

Mettre tous les ingrédients dans une petite casserole, porter à ébullition et laisser mijoter doucement pendant 10 à 15 minutes ou jusqu'à ce que le mélange ait légèrement réduit et épaissi. Assaisonner au goût. Verser dans un bocal stérilisé (voir page 4). Se conserve 2 semaines au réfrigérateur.

SAUCE PIRI PIRI

Le piri piri est un condiment utilisé dans la cuisine portugaise. Il a été introduit en Afrique par les Portugais, d'où son nom swahili qui veut dire « piment » (ou « piment piment »). Il est délicieux saupoudré sur le poulet à la broche, les crevettes et les calmars grillés au charbon de bois.

8 piments rouges langue d'oiseau
300 ml (1¼ tasse) d'huile d'olive extra vierge
15 ml (1 c. à soupe) de vinaigre de vin blanc
une pincée de sel de mer

Donne environ 300 ml (1¼ tasse)

Hacher finement les piments (y compris les graines) et les mettre dans un bol. Ajouter l'huile d'olive, le vinaigre et le sel. Transférer dans un flacon stérilisé (voir page 4). Se conserve 1 semaine au frais.

SAUCE AU CARI VERT

Pour faire une bonne sauce au cari vert thaï-
landais, le concentré de cari doit être authentique.
Celui que l'on achète tout prêt dans les supermarchés n'est pas toujours très bon. Celui indiqué
ci-dessous est simple à faire et se gardera très
bien plusieurs semaines au réfrigérateur. Ajoutez
des morceaux de poitrine de poulet et des légumes
coupés en dés (comme ceux de l'image) à la sauce
une fois finie et laissez mijoter 10 à 15 minutes
jusqu'à ce qu'ils soient tendres.

1

600 ml (2½ tasse) de lait de coco

45 ml (3 c. à soupe) de concentré
de cari vert

600 ml (2½ tasse) de bouillon
de légumes (voir page 12)

6 larges feuilles de citron vert Kafir,
déchiquetées

30 ml (2 c. à soupe) de sauce de
poisson thaï

10 ml (2 c. à thé) de sucre
de palme râpé

jus d'une demi-lime
fraîchement pressé

CONCENTRÉ DE CARI VERT

5 ml (1 c. à thé) de graines
de coriandre

2,5 ml (½ c. à thé) de graines
de cumin

6 grains de poivre blanc

3 gros piments verts, égrenés
et hachés

4 piments verts langue d'oiseau,
hachés

4 oignons blancs, hachés

4 gousses d'ail, pelées

2,5 cm (1 po) de galanga,
pelé et tranché

4 brins de coriandre fraîche,
racines incluses, hachés

1 pied (30 cm) de lemon-grass, ciselé

10 ml (2 c. à thé) de pâte de crevette

20 ml (5 c. à thé) d'huile d'arachide

Pour 4 personnes

[1] Pour la pâte de cari vert : faire revenir les graines de coriandre et de cumin et
les grains de poivre jusqu'à ce qu'ils soient dorés et commencent à libérer leur arôme.
Laisser refroidir, puis réduire en poudre dans un moulin à épices.

[2] Mettre les piments, les oignons blancs, l'ail, le galanga, la coriandre fraîche, le
lemon-grass, la pâte de crevette et l'huile d'arachide dans un mixeur et faire une
pâte onctueuse. Transférer dans un bol et incorporer les épices moulues.

[3] Pour la sauce de cari : mettre 125 ml (½ tasse) de lait de coco dans un wok et
faire bouillir jusqu'à ce que l'huile se sépare du lait. Ajouter la pâte de cari fraîche
et cuire environ 1 minute ou jusqu'à ce qu'elle embaume. Ajouter le reste du lait de
coco, le bouillon, les feuilles de citron vert, la sauce de poisson, le sucre et le jus
de lime. Porter à ébullition, puis laisser mijoter doucement pendant 5 minutes.

POULET, COURGETTES ET PETITES AUBERGINES
AVEC SAUCE AU CARI VERT, CORIANDRE
ET FEUILLES DE CITRON VERT KAFIR RÂPÉES

SAUCES
POUR LE
POISSON

125 g (½ tasse) de beurre
non salé
60 ml (4 c. à soupe)
de câpres saumurées,
dessalées et
grossièrement hachées
15 ml (1 c. à soupe)
de jus de citron
fraîchement pressé
15 ml (1 c. à soupe)
de persil à feuilles plates
frais, haché
sel de mer et poivre noir
fraîchement moulu

Pour 4 personnes

SAUCE AU BEURRE ET AUX CÂPRES

Cette sauce piquante au beurre et aux câpres est généralement servie avec de la sole grillée ou poêlée, du carrelet ou de la barbue, mais elle convient aussi très bien à la morue.

Faire fondre le beurre dans une petite casserole jusqu'à ce qu'il soit légèrement brun doré. Ajouter les ingrédients restants, remuer et retirer du feu. Assaisonner au goût.

SAUCE AU BEURRE ET AUX POIVRONS GRILLÉS

1 gros poivron rouge
75 g (5 c. à soupe)
de beurre non salé,
coupé en dés
15 ml (1 c. à soupe)
de jus de lime
fraîchement pressé
une pincée de safran
une pincée de piment
de Cayenne
sel de mer et poivre noir
fraîchement moulu

Pour 4 personnes

Outre faciliter son épluchage, griller le poivron jusqu'à ce que sa peau soit carbonisée lui confère une délicieuse saveur fumée. Cette sauce va bien avec la morue ou le flétan poêlé ou avec du poulet.

Préchauffer le gril à la valeur la plus élevée.

Faire griller le poivron rouge 8 à 10 minutes ou jusqu'à ce qu'il soit tendre et carbonisé tout autour. Sceller dans un sac en plastique et laisser refroidir jusqu'à ce qu'il soit maniable.

Peler et égrener le poivron, hacher la chair et la mettre dans une casserole avec le beurre, le jus de lime, le safran et le poivre de Cayenne. Chauffer jusqu'à ce que le beurre ait entièrement fondu.

Avec un mixeur électrique ou à main, battre le mélange jusqu'à obtention d'une pâte onctueuse. Assaisonner au goût pendant la cuisson. Servir chaud.

CONFITURE DE PIMENTS

Cette confiture très épicée est un atout précieux à avoir en réserve et elle est bien meilleure que celles que l'on trouve dans les magasins d'alimentation. Elle est forte, mais merveilleusement tempérée par son côté sucré. Elle se garde longtemps, bien que la mienne ne dure jamais car elle est trop bonne. Servir avec des galettes de poisson thaï, des crevettes grillées ou étalée dans un sandwich.

500 g (18 oz) de tomates mûres, grossièrement hachées
4 piments rouges œil d'oiseau, grossièrement hachés
2 gousses d'ail, pelées
5 ml (1 c. à thé) de gingembre frais râpé
30 ml (2 c. à soupe) de sauce soya claire
200 g (1 tasse) de sucre de palme râpé
75 ml (¼ tasse) de vinaigre de vin blanc
2,5 ml (½ c. à thé) de sel de mer

Donne environ 300 ml (1¼ tasse)

Mettre les tomates, les piments et l'ail dans un mixeur et battre jusqu'à obtention d'une pâte onctueuse. Transférer dans une casserole et ajouter les ingrédients restants. Porter à ébullition et laisser mijoter doucement, en remuant de temps en temps, pendant 30 à 40 minutes ou jusqu'à ce que le mélange ait épaissi et ressemble à de la confiture.

Verser dans une bouteille ou un bocal stérilisé (voir page 4), laisser refroidir, puis sceller. Conserver au réfrigérateur après ouverture.

SAUCE AUX PIMENTS CARAMÉLISÉS

Le sucre de palme, la sauce de poisson et le jus de lime donnent à cette sauce la délicieuse saveur aigre-douce typique de la cuisine d'Asie du Sud-Est. La chaleur du piment la rend idéale pour accompagner le saumon et le thon grillés au feu de bois.

Faire chauffer l'huile d'arachide dans une petite poêle et faire doucement revenir les piments, l'ail, le gingembre et le zeste de lime pendant 3 à 4 minutes ou jusqu'à ce qu'ils soient tendres et légèrement dorés. Ajouter le sucre, 45 ml (3 c. à soupe) d'eau, la sauce de poisson et le jus de lime et chauffer doucement jusqu'à dissolution du sucre. Augmenter le feu et laisser mijoter 5 minutes ou jusqu'à ce que la sauce soit sirupeuse. Laisser refroidir 5 minutes avant de servir.

15 ml (1 c. à soupe) d'huile d'arachide

2 gros piments rouges, égrenés et finement tranchés

2 grosses gousses d'ail, épluchées et tranchées

2,5 cm (1 po) de gingembre frais, épluché et râpé

zeste râpé de 2 limes non paraffinées

60 ml (4 c. à soupe) de sucre de palme râpé

30 ml (2 c. à soupe) de sauce de poisson thaï

jus d'une lime fraîchement pressé

Pour 4 personnes

GLACE BALSAMIQUE

Il est difficile d'imaginer que quelque chose d'aussi simple produise une sauce aussi versatile et aussi utile en cuisine. J'ai toujours une bouteille de glace balsamique à portée de main pour accompagner un poisson ou un poulet grillé, à verser sur quelques feuilles de laitue ou à combiner avec une huile d'olive extra vierge de bonne qualité pour créer une trempette dans laquelle plonger un pain croustillant. J'ai commencé par réduire un vinaigre balsamique bon marché pour obtenir quelque chose qui ressemble à une variété ancienne et coûteuse, puis j'ai continué de faire comme ça chaque fois. Cela peut sembler extravagant de commencer avec 500 ml (2 tasses) dont il ne reste plus que 125 ml (½ tasse) à la fin, mais croyez-moi, ça vaut vraiment le coup.

une bouteille de vinaigre balsamique de 500 ml (2 tasses)

Donne environ 125 ml (½ tasse)

Verser le vinaigre dans une petite casserole et faire bouillir doucement jusqu'à ce qu'il ait réduit environ des deux tiers et ait pris la consistance d'un sirop épais. Verser directement dans une bouteille ou un flacon stérilisé (voir page 4) et laisser refroidir. Sceller et garder dans un endroit frais.

SAUCE AUX HARICOTS NOIRS

On trouve des haricots noirs secs fermentés en sachet ou saumurés en boîte dans les supermarchés asiatiques. Les faire tremper 10 minutes dans l'eau pour enlever l'excès de sel avant de les utiliser. La sauce aux haricots noirs est délicieuse avec des coquilles Saint-Jacques poêlées ou comme sauce pour crabe sauté au wok.

Faire tremper les haricots noirs dans l'eau froide pendant 10 minutes, bien égoutter puis réserver.

Chauffer l'huile d'arachide dans une petite casserole et faire doucement revenir l'ail, le piment et le gingembre 2 à 3 minutes ou jusqu'à ce qu'ils soient ramollis. Ajouter les haricots, le bouillon, le *kecap manis,* le vinaigre, la sauce d'huître et porter à ébullition. Laisser mijoter doucement pendant 5 minutes.

Mélanger la fécule avec 15 ml (1 c. à soupe) d'eau pour obtenir une pâte onctueuse et incorporer dans 15 ml (1 c. à soupe) de sauce aux haricots noirs. Verser le mélange dans la casserole et laisser mijoter en remuant jusqu'à épaississement (environ 1 minute). Servir chaud.

25 g (1 oz) de haricots noirs secs fermentés

15 ml (1 c. à soupe) d'huile d'arachide

1 gousse d'ail, pelée et écrasée

1 piment rouge œil d'oiseau, égrené et finement haché

5 ml (1 c. à thé) de gingembre fraîchement râpé

200 ml (¾ tasse) de bouillon de légumes (voir page 12)

30 ml (2 c. à soupe) de *kecap manis* (sauce soya indonésienne sucrée)

7,5 ml (½ c. à soupe) de vinaigre noir ou de vinaigre de saké

5 ml (1 c. à thé) de sauce d'huître

5 ml (1 c. à thé) de fécule de maïs

Pour 4 à 6 personnes

---

300 ml (1¼ tasse) de lait de coco

250 ml (1 tasse) de bouillon de poisson (voir page 12)

1 piment rouge langue d'oiseau, pilé

2 gousses d'ail, pelées et écrasées

2 tranches de gingembre frais

8 grosses feuilles de citron vert Kafir, déchiquetées

1 branche de lemon-grass, grossièrement hachée

½ bouquet de coriandre fraîche, racines incluses

15 ml (1 c. à soupe) de sauce de poisson thaï

jus d'une demi-lime fraîchement pressé

Pour 4 personnes

SAUCE NOIX DE COCO ET CITRON VERT KAFIR

Cette sauce parfumée se prépare en faisant mijoter le lait de coco et le bouillon avec des herbes, des épices et des aromates. Lorsque la sauce réduit et épaissit, les saveurs deviennent plus intenses. C'est la sauce idéale à servir avec des moules ou des palourdes à la vapeur, ainsi qu'avec du poulet.

Mettre le lait de coco, le bouillon, le piment, l'ail, le gingembre, les feuilles de citron, le lemon-grass et la coriandre dans une casserole et porter à petite ébullition. Laisser mijoter 20 minutes ou jusqu'à ce que la sauce ait légèrement réduit, en écumant régulièrement la surface.

Filtrer le mélange au coco dans une fine passoire, en le pressant avec une cuillère en bois. Ajouter la sauce de poisson et le jus de lime au goût. Servir chaud.

ESPADON POÊLÉ
AVEC SAUCE AGRODOLCE

SALSA DE CITRONS EN CONSERVE

Conserver les citrons dans le sel est une pratique courante en Afrique du Nord, dans le sud de l'Italie et dans les pays du Moyen-Orient où les récoltes de citrons sont abondantes. Leur saveur salée-acidulée est un peu inhabituelle mais délicieuse. Servir cette salsa avec des coquilles Saint-Jacques ou des crevettes grillées au feu de bois ou avec du poulet au barbecue.

50 g (2 oz) de citrons en conserve, coupés en dés
50 g (2 oz) de tomates semi-séchées, coupées en dés
2 oignons blancs, finement hachés
15 ml (1 c. à soupe) de coriandre fraîche, hachée
60 ml (4 c. à soupe) d'huile d'olive extra vierge
sel de mer et poivre noir fraîchement moulu

POUR 4 PERSONNES

Combiner tous les ingrédients dans un bol et laisser infuser 30 minutes. Assaisonner au goût.

SAUCE AGRODOLCE

Cette sauce est typique de nombreux endroits du sud de la Sicile où des câpres et des raisins de Smyrne sont ajoutés à un fond de tomates pour créer une délicate saveur sucrée. Délicieuse avec le poisson comme le thon, le maquereau ou l'espadon.

45 ml (3 c. à soupe) d'huile d'olive extra vierge
2 gousses d'ail, pelées et finement hachées
zeste râpé d'un citron non paraffiné
une pincée de miettes de piment sec
500 g (1 lb) de tomates mûres, pelées et hachées
2 filets d'anchois à l'huile, égouttés et hachés
30 ml (2 c. à soupe) de câpres saumurées, dessalées et égouttées

50 g (2 oz) de raisins de Smyrne
10 ml (2 c. à thé) de vinaigre de vin rouge
5 ml (1 c. à thé) de sucre en poudre
25 g (1 oz) de noix de pin torréfiées
15 ml (1 c. à soupe) de persil à feuilles plates, haché
sel de mer et poivre noir fraîchement moulu

POUR 4 PERSONNES

Faire chauffer l'huile d'olive dans une casserole et faire doucement revenir l'ail, le zeste de citron et les miettes de piment avec un peu d'assaisonnement pendant 2 à 3 minutes ou jusqu'à ce qu'ils soient ramollis mais pas roussis. Ajouter les tomates, les anchois, les câpres, les raisins de Smyrne, le vinaigre et le sucre, et chauffer doucement, en couvrant partiellement, pendant 3 à 4 minutes ou jusqu'à ce que les tomates soient ramollies.

Incorporer les noix de pin et le persil et assaisonner au goût. Servir chaud.

HAUT : CALMAR FRIT AVEC SAUCE TARTARE
MILIEU : CREVETTES AVEC SAUCE COCKTAIL
BAS : SAUMON FUMÉ AVEC SAUCE À LA MOUTARDE ET À L'ANETH

SAUCE TARTARE

Le poisson-frites ne serait pas le même sans un bol de sauce tartare – bien fraîche et à déguster avec n'importe quel fruit de mer.

Combiner tous les ingrédients dans un bol et assaisonner au goût.

½ **quantité de mayonnaise** (voir page 20)
15 ml (1 c. à soupe) d'oignons blancs finement hachés
15 ml (1 c. à soupe) de câpres en saumure, dessalées, égouttées et hachées
15 ml (1 c. à soupe) de cornichons finement hachés
15 ml (1 c. à soupe) de persil à feuilles plates, haché
7,5 ml (½ c. à soupe) d'aneth frais, haché
7,5 ml (½ c. à soupe) de ciboulette fraîche, coupée
sel de mer et poivre noir fraîchement moulu

POUR 4 PERSONNES

DÉLICIEUSE SAUCE COCKTAIL

Même s'il est une entrée de repas iconique des années 1970, le cocktail de crevettes sera toujours une entrée de choix. Servies sur des feuilles de laitue craquantes et recouvertes d'une sauce cocktail crémeuse et épicée, les crevettes sont un vrai régal. Cette version comprend un ingrédient insolite, la vodka, pour ajouter un peu de punch.

Combiner tous les ingrédients dans un bol, couvrir et laisser infuser 30 minutes. Servir en garnissant avec un peu de paprika.

125 ml (½ tasse) de mayonnaise (voir page 20)
22,5 ml (1½ c. à soupe) de ketchup
5 ml (1 c. à thé) de sauce Worcestershire
5 ml (1 c. à thé) de vodka
quelques gouttes de sauce Tabasco
sel de mer et poivre noir fraîchement moulu
paprika, pour la garniture

POUR 4 PERSONNES

SAUCE À LA MOUTARDE ET À L'ANETH

Cette sauce est habituellement servie avec le *gravlax*, ce saumon scandinave traité au sel, au sucre et aux épices et servi en tranches ultra fines. Ceci dit, elle est tout aussi délicieuse avec d'autres poissons, surtout les fumés.

Mettre la moutarde de Dijon, le jaune d'œuf, le sucre et un peu d'assaisonnement dans un bol et battre jusqu'à obtention d'un mélange clair. Verser l'huile de tournesol à petit filet jusqu'à épaississement. Incorporer le vinaigre, l'aneth et la moutarde en grains et assaisonner au goût.

22,5 ml (1½ c. à soupe) de moutarde de Dijon
1 jaune d'œuf
7,5 ml (1½ c. à thé) de sucre en poudre
125 ml (½ tasse) d'huile de tournesol
10 ml (2 c. à thé) de vinaigre de vin blanc
15 ml (1 c. à soupe) d'aneth frais haché
7,5 ml (½ c. à soupe) de moutarde en grains
sel de mer et poivre noir fraîchement moulu

POUR 4 PERSONNES

SAUCES POUR LE POISSON **53**

SAUCE AU CRESSON

Une petite sauce simple qui est idéale avec la morue poêlée ou un autre poisson blanc.

Couper les pieds du cresson et hacher finement les feuilles. Faire fondre le beurre dans une casserole, ajouter le cresson et faire revenir pendant 30 secondes ou jusqu'à ce que les feuilles soient flétries. Ajouter la crème et le bouillon, et laisser mijoter doucement 2 à 3 minutes. Mélanger au mixeur pour former une sauce tachetée de vert. Assaisonner au goût. Chauffer et servir chaud.

75 g (3 oz) de cresson
25 g (2 c. à soupe)
de beurre non salé
150 ml (⅔ tasse)
de double crème
75 ml (⅓ tasse) de bouillon
de poisson (voir page 12)
sel de mer et poivre noir
fraîchement moulu

POUR 4 PERSONNES

SAUCE AU PERSIL

Il s'agit d'une adaptation moderne de la sauce au persil classique montée à partir d'un roux. Cette version plus légère est davantage adaptée aux goûts d'aujourd'hui et est un délice avec le poisson poché, à la vapeur ou au four.

Porter à ébullition une casserole d'eau légèrement salée et faire blanchir les feuilles de persil pendant 30 secondes. Égoutter et passer immédiatement sous l'eau froide. Enlever autant d'eau que possible et réserver.

Chauffer le beurre et la crème dans une casserole jusqu'à ce que le beurre soit fondu, puis porter à ébullition 1 minute. Transférer dans un mixeur avec le persil et battre jusqu'à ce que le mélange soit onctueux et vert. Assaisonner au goût. Chauffer et servir chaud.

25 g (1 oz) de persil
à feuilles plates, frais
50 g (4 c. à soupe)
de beurre non salé
175 ml (¾ tasse) de crème
à fouetter
sel de mer et poivre
fraîchement moulu

POUR 4 PERSONNES

SAUCES POUR LES PÂTES

PENNES AVEC SAUCE AU CITRON ET AU VERMOUTH

SAUCE AU CITRON ET AU VERMOUTH

C'est une sauce très inhabituelle pour les pâtes, mais elle est absolument délicieuse. Si vous ne trouvez pas de citrons non paraffinés, assurez-vous de bien laver la pelure avant de gratter le zeste.

**zeste finement râpé
de 2 citrons non paraffinés
125 ml (½ tasse)
de vermouth sec
200 ml (¾ tasse)
de double crème**

**50 g (2 oz) de parmesan,
fraîchement râpé,
plus extra à servir
30 ml (2 c. à soupe) de basilic
fraîchement haché
sel de mer et poivre noir
fraîchement moulu**

POUR 4 PERSONNES

Mettre le zeste des citrons et le vermouth dans une petite casserole, porter à ébullition, puis faire mijoter jusqu'à ce que le liquide ait réduit de moitié. Laisser refroidir pendant 5 minutes.

Battre la crème et remettre sur le feu jusqu'à ce qu'elle soit chaude. Incorporer le parmesan et le basilic et assaisonner au goût. Servir immédiatement, saupoudré de parmesan râpé.

SAUCE AU PIMENT, AU CRABE ET À LA CRÈME FRAÎCHE

Cette combinaison délicate de chair de crabe et de crème fraîche est délicieuse avec des pennes juste cuites. La plupart des bons poissonniers vendent de la chair de crabe fraîche, mais dans le cas contraire, le crabe surgelé est tout aussi bon.

**50 g (3 c. à soupe) de beurre
non salé
1 petit oignon rouge,
finement haché
2 gousses d'ail, écrasées
1 gros piment rouge, égrené
et finement haché
500 g (1 lb) de chair de crabe**

**200 g (1 tasse) de crème fraîche
30 ml (2 c. à soupe) de persil
à feuilles plates, frais, haché
jus d'un demi-citron
fraîchement pressé
sel de mer et poivre noir**

POUR 4 À 6 PERSONNES

Faire fondre le beurre dans une grande poêle et faire revenir l'oignon, l'ail et le piment pendant 5 minutes ou jusqu'à ce qu'ils soient ramollis, mais pas roussis.

Émietter la chair de crabe en s'assurant qu'il ne reste pas de morceaux de coquille. Ajouter le crabe à la crème fraîche et assaisonner au goût. Remuer et chauffer quelques minutes. Incorporer le persil et le jus de citron. Servir chaud.

SAUCE BOLOGNAISE

L'ajout de foies de poulets confère une saveur profonde à ce classique italien. À servir sur des spaghettis juste cuits ou utiliser comme base pour des lasagnes ou d'autres plats de pâtes.

Faire revenir la pancetta dans une casserole pendant 3 à 4 minutes ou jusqu'à ce qu'elle ait une teinte rousse et ait rendu sa graisse. Enlever de la casserole avec une cuillère à rainures et réserver.

Verser l'huile d'olive dans la même casserole et faire doucement revenir l'oignon, l'ail et le thym pendant 10 minutes ou jusqu'à ce qu'ils soient ramollis. Augmenter le feu, ajouter l'émincé et les foies et faire revenir 5 minutes ou jusqu'à ce qu'ils soient roussis.

Ajouter le vin et porter à ébullition, puis incorporer les tomates en conserve, la pâte de tomate, le sucre, les feuilles de laurier, la pancetta frite et l'assaisonnement. Couvrir et laisser mijoter à feu doux pendant 1 à 1½ heure ou jusqu'à ce que la sauce ait épaissi. Retirer les feuilles de laurier et assaisonner au goût.

125 g (1¼ lb) de pancetta fumée, coupée en dés
30 ml (2 c. à soupe) d'huile d'olive extra vierge
1 gros oignon, finement haché
2 gousses d'ail, pelées et finement hachées
15 ml (1 c. à soupe) de thym frais haché
750 g (1½ lb) d'émincé de bœuf
50 g (2 oz) de foies de poulets, coupés en dés
300 ml (1¼ tasse) de vin rouge
deux boîtes de 400 g (16 oz) de tomates en dés
30 ml (2 c. à soupe) de pâte de tomate
une pincée de sucre en poudre
2 feuilles de laurier fraîches (ou 1 sèche)
sel de mer et poivre noir fraîchement moulu

Pour 4 à 6 personnes

PENNES AVEC SAUCE
AU GORGONZOLA,
AUX NOIX DE PACANE
ET AU MASCARPONE

25 g (2 c. à soupe)
de beurre non salé
1 gousse d'ail, pelée
et écrasée
175 g (7 oz)
de gorgonzola, émietté
175 g (7 oz)
de mascarpone
une pincée de macis
moulu ou un peu de noix
de muscade fraîchement
râpée
100 g (3,5 oz) de noix
de pacane, grillées et
grossièrement hachées
30 ml (2 c. à soupe)
de ciboulette
fraîchement coupée
sel de mer et poivre noir
fraîchement moulu

Pour 4 personnes

SAUCE AU GORGONZOLA, AUX NOIX DE PACANE ET AU MASCARPONE

Les noix de pacane grillées donnent de la texture à cette sauce au fromage riche et crémeuse. Le gorgonzola est un bleu très parfumé qui est idéal combiné au mascarpone, plus doux. D'autres bleus peuvent être utilisés, comme le roquefort ou même le stilton.

Mettre le beurre dans une casserole et faire doucement revenir l'ail à feu doux pendant 2 à 3 minutes ou jusqu'à ce qu'il soit ramolli, mais pas roussi. Incorporer le gorgonzola, le mascarpone, le macis et un peu d'assaisonnement. Cuire doucement jusqu'à ce que la sauce soit bien chaude, mais que le fromage ait encore de la texture.

Retirer du feu et incorporer les noix de pacane et la ciboulette. Assaisonner au goût et servir chaud.

SAUCE AUX NOIX

125 g (1½ tasse) de noix
en morceaux
75 g (3 oz) de pain blanc
de la veille, sans la croûte
125 ml (½ tasse) de lait
1 gousse d'ail,
pelée et écrasée
25 g (1 oz) de parmesan,
fraîchement râpé
un petit peu de noix
de muscade fraîchement
râpée
45 ml (3 c. à soupe)
d'huile de noix
60 ml (4 c. à soupe)
de double crème
sel de mer et poivre noir
fraîchement moulu
persil à feuilles
plates frais, haché,
pour la garniture

Pour 4 personnes

Cette sauce insolite née en Ligurie, au nord de l'Italie, se fait avec des noix émiettées. Elle est délicieuse en hiver sur les pâtes.

Préchauffer le four à 200 °C (400 °F); gaz 6.

Étaler les noix sur une plaque à cuisson et les torréfier pendant 6 à 8 minutes ou jusqu'à ce qu'elles soient dorées. Laisser refroidir. Dans le même temps, faire tremper le pain dans le lait pendant 10 minutes ou jusqu'à ce que tout le lait ait été absorbé.

Mettre les noix, le pain trempé, l'ail, le parmesan, la muscade et l'assaisonnement dans un mixeur et battre jusqu'à ce que tout soit mélangé, puis incorporer l'huile de noix à petit filet pour former une pâte.

Transférer la sauce dans un bol et incorporer la crème. Assaisonner au goût et verser sur les pâtes juste cuites. Servir en garnissant avec du persil frais haché.

125 g (5 oz) d'olives
niçoises, dénoyautées
2 filets d'anchois
à l'huile, dessalés
2 gousses d'ail, pelées
et écrasées
30 ml (2 c. à soupe)
de câpres saumurées,
dessalées, égouttées
et rincées
5 ml (1 c. à thé)
de moutarde de Dijon
60 ml (4 c. à soupe)
d'huile d'olive
extra vierge
un filet de jus
de citron frais
poivre noir fraîchement
moulu

Donne environ 150 ml (⅔ tasse)

LA TAPENADE

Le choix des olives niçoises donne à cette sauce une authentique saveur provençale. Il est préférable de les acheter entières et de les dénoyauter soi-même, en pressant fermement sur l'olive avec les doigts pour ouvrir la chair.

Mettre les olives, les anchois, l'ail, les câpres et la moutarde dans un mortier (ou un mixeur) et les piler pour obtenir une pâte onctueuse. Incorporer l'huile d'olive à petit filet. Ajouter le jus de citron et poivrer au goût.

Mettre dans un pot. Se conserve 5 jours au réfrigérateur.

PESTO

Au cours des 20 dernières années, cette herbe aromatique épaisse et la sauce aux noix de Gênes ont beaucoup voyagé et sont maintenant utilisées par les chefs du monde entier avec des plats de pâtes ou du poisson grillé, ou incluses dans des soupes de légumes.

Mettre le basilic, l'ail, les noix de pin et le sel dans un mortier et piler le tout pour former une pâte onctueuse. Incorporer l'huile d'olive à petit filet jusqu'à obtenir une texture molle mais pas coulante. Ajouter le parmesan et poivrer au goût. Couvrir la surface avec un peu d'huile d'olive. Se conserve 3 jours au réfrigérateur.

Remarque : Vous pouvez faire cette sauce à l'aide d'un mixeur, mais ne battez pas trop sinon elle sera trop molle.

50 g (2 oz) de feuilles
de basilic frais
1 gousse d'ail, pelée
et écrasée
30 ml (2 c. à soupe)
de noix de pin
une pincée de sel de mer
90 à 120 ml
(6 à 8 c. à soupe) d'huile
d'olive extra vierge
30 ml (2 c. à soupe)
de parmesan frais râpé
poivre noir fraîchement
moulu

Donne environ 150 ml (⅔ tasse)

GAUCHE : PESTO
DROITE : TAPENADE

BEURRE DE SAUGE MOUSSEUX

BEURRE DE SAUGE MOUSSEUX

Il est très simple à faire et incroyablement délicieux avec des raviolis de citrouille, des gnocchis à la ricotta et aux épinards, de l'espadon saisi ou un simple plat de pâtes.

Faire fondre le beurre dans une petite poêle, puis cuire à feu moyen pendant 3 à 4 minutes jusqu'à ce qu'il soit brun doré. Retirer la poêle du feu et ajouter les feuilles de sauge, l'ail et un peu d'assaisonnement. Laisser grésiller dans le beurre 30 secondes pour en révéler l'arôme.

125 g (½ tasse) de beurre non salé

30 ml (2 c. à soupe) de sauge fraîche hachée

2 gousses d'ail, pelées et écrasées

sel de mer et poivre noir fraîchement moulu

Pour 2 personnes

---

500 g (18 oz) de chair de courge musquée, coupée en dés

1 petit oignon rouge, finement tranché

15 ml (1 c. à soupe) de sauge fraîche hachée

75 ml (5 c. à soupe) d'huile d'olive extra vierge

4 gousses d'ail, pelées et finement hachées

une pincée de miettes de piment sec

50 g (16 oz) de noix de pin

200 g (4½ lb) de feta, coupé en dés

sel de mer et poivre noir fraîchement moulu

Pour 4 personnes

SAUCE À LA COURGE RÔTIE, AU FETA ET À LA SAUGE

Faire d'abord rôtir la courge et l'oignon pour donner une saveur légèrement fumée à cette sauce pour les pâtes. Utiliser une courge musquée ou une citrouille d'au moins 750 g (28 oz) pour obtenir 500 g (18 oz) de chair.

Préchauffer le four à 220 °C (425 °F); gaz 7.

Mettre la courge, l'oignon, la sauge, 15 ml (1 c. à soupe) d'huile d'olive et le sel et le poivre dans une cocotte. Faire revenir et rôtir le mélange pendant 30 minutes ou jusqu'à ce que les légumes soient dorés et bien cuits.

Chauffer le reste de l'huile d'olive dans une grande poêle et faire revenir l'ail, les miettes de piment et un peu d'assaisonnement pendant 2 à 3 minutes jusqu'à ce que tout soit ramolli, mais pas roussi. Ajouter les noix de pin et les torréfier pendant 2 à 3 minutes, jusqu'à obtenir une légère couleur rousse. Ajouter la courge rôtie, les oignons, la sauge et le feta et bien remuer pour les mélanger. Servir immédiatement.

SAUCE POUR FRUITS DE MER

C'est la sauce idéale pour une soirée de fête. Le riche concassé de tomates infusé de safran est la base de choix pour les fruits de mer frais. Se sert aussi avec des spaghettis ou des linguinis.

45 ml (3 c. à soupe) d'huile d'olive extra vierge, plus extra pour parfumer
2 gousses d'ail, pelées et hachées
15 ml (1 c. à soupe) de thym frais haché
625 g (1⅓ lb) de tomates mûres, pelées et finement hachées
150 ml (⅔ tasse) de vin blanc sec
150 ml (⅔ tasse) de bouillon de poisson (voir page 12)
une petite pincée de safran
deux queues de homard crues (350 g ou ¾ lb)
12 moules fraîches
12 grosses coquilles Saint-Jacques
12 grosses crevettes tigre crues, décoquillées et déveinées
30 ml (2 c. à soupe) de basilic frais haché
sel de mer et poivre noir fraîchement moulu

Pour 4 personnes

[1] Chauffer l'huile d'olive dans une grande casserole et faire revenir l'ail et le thym pendant 3 à 4 minutes ou jusqu'à ce qu'ils soient ramollis, mais pas roussis. Ajouter les tomates, bien remuer, puis verser le vin. Porter à ébullition et laisser mijoter 1 minute, puis ajouter le bouillon, le safran et l'assaisonnement. Couvrir et laisser mijoter 30 minutes à feu doux.

[2] Entre-temps, préparer les fruits de mer. Couper les queues de homard dans le sens de la longueur au milieu du dos et jeter les boyaux, puis couper à travers la coquille, en 4 à 5 morceaux. (On peut laisser la coquille ou l'enlever avant de cuire – si on la laisse, prévenir ses invités du risque de morceaux de coquille dans la sauce.) Laver les moules plusieurs fois à l'eau froide, gratter les coquilles et enlever la longue « barbe » si nécessaire. Couper le muscle gris au côté de chaque coquille Saint-Jacques.

[3] Ajouter le homard et les moules à la sauce tomate et cuire pendant 5 minutes ou jusqu'à ce que les moules soient ouvertes. Jeter celles qui sont restées fermées. Ajouter les crevettes et faire cuire 2 autres minutes, puis ajouter les coquilles Saint-Jacques et cuire encore 1 minute. Retirer du feu et incorporer le basilic. Servir chaud, arrosé d'un filet d'huile.

SPAGHETTI AVEC SAUCE AUX FRUITS DE MER

SAUCE AUX TOMATES RÔTIES

SAUCE AUX TOMATES RÔTIES

Il existe peu de plats plus purs qu'une sauce à base de tomates fraîches agrémentée d'un peu d'ail, de piment, d'huile d'olive et d'herbes. Ici, j'ai commencé par rôtir les tomates pour les adoucir. Cette sauce tomate riche peut être servie avec des spaghettis, des lasagnes aux légumes, une pizza ou former la base de soupes ou de ragoûts.

1 kg (2,2 lb) de tomates de vigne mûres, grossièrement hachées
30 ml (2 c. à soupe) d'huile d'olive extra vierge
2 gousses d'ail, pelées et écrasées
zeste râpé d'un citron non paraffiné
une pincée de miettes de piment sec
30 ml (2 c. à soupe) de basilic frais haché
sel de mer et poivre noir fraîchement moulu

Pour 4 PERSONNES

Préchauffer le four à 230 °C (450 °F); gaz 8.

Étaler les tomates, l'huile d'olive, l'ail, le zeste de citron, les miettes de piment et l'assaisonnement en une seule couche dans une cocotte. Bien remuer. Rôtir pendant 45 minutes ou jusqu'à ce que les tomates soient roussies et que le jus soit devenu une glace.

Transférer les tomates et le jus dans un grand bol et ajouter le basilic. Réduire en purée avec un mélangeur à main jusqu'à obtention d'une pâte onctueuse. Assaisonner au goût. Servir chaud avec des pâtes juste cuites ou laisser refroidir dans un contenant en plastique.

Remarque : Faire de grandes quantités de cette sauce pendant les mois d'été, quand les tomates sont abondantes et goûteuses, et la garder au congélateur pour la déguster en hiver.

SAUCE PUTTANESCA AUX TOMATES CERISES

60 ml (4 c. à soupe) d'huile d'olive extra vierge
2 gousses d'ail, pelées et tranchées
une pincée de miettes de piment sec
500 g (18 oz) de tomates cerises, coupées en deux
100 g (3,5 oz) d'olives noires dénoyautées, coupées en deux
6 filets d'anchois à l'huile, égouttés et hachés
60 ml (4 c. à soupe) de petites câpres au sel, égouttées et lavées
jus d'un citron fraîchement pressé
30 ml (2 c. à soupe) de basilic frais haché
sel de mer et poivre noir fraîchement moulu
parmesan fraîchement râpé, en accompagnement (facultatif)

Pour 4 PERSONNES

Le *Puttanesca* est une sauce napolitaine classique qui combine des olives, des tomates, des câpres et des anchois. Ici, elle est faite avec des tomates cerises pour donner de la texture.

Chauffer l'huile d'olive dans une grande poêle et faire revenir l'ail, les miettes de piment et l'assaisonnement pendant 3 à 4 minutes ou jusqu'à ce que tout soit ramolli. Ajouter les tomates, faire sauter pendant 1 minute, puis incorporer les olives, les anchois, les câpres, le jus de citron et le basilic. Bien chauffer. Servir avec du parmesan râpé, si désiré.

RAGU DE SAUCISSES

J'ai utilisé du chorizo, une saucisse espagnole épicée, pour créer ce riche ragu, mais n'importe quelle saucisse italienne conviendra.

Couper et enlever la peau des saucisses. Hacher grossièrement la chair à l'aide d'un mixeur.

Chauffer l'huile d'olive dans une poêle et faire revenir l'oignon, l'ail, la sauge et l'assaisonnement à feu doux pendant 10 minutes ou jusqu'à ce que le mélange soit légèrement doré. Ajouter la chair des saucisses et faire revenir à feu moyen pendant 5 minutes ou jusqu'à ce que tout soit roussi.

Ajouter les tomates en boîte, le vin et la pâte de tomate, porter à ébullition, couvrir et laisser mijoter doucement pendant 1 heure ou jusqu'à épaississement de la sauce. Assaisonner au goût, incorporer le persil et servir chaud.

750 g (1½ lb) de saucisses chorizo fraîches
30 ml (2 c. à soupe) d'huile d'olive extra vierge
1 oignon, finement haché
2 gousses d'ail, pelées et écrasées
30 ml (2 c. à soupe) de sauge fraîche hachée
deux boîtes de 400 g (16 oz) de tomates coupées en dés
125 ml (½ tasse) de vin rouge
30 ml (2 c. à soupe) de pâte de tomate
30 ml (2 c. à soupe) de persil à feuilles plates frais haché
sel de mer et poivre noir fraîchement moulu

Pour 4 personnes

---

1 kg (2,2 lb) de palourdes (vongoles)
45 ml (3 c. à soupe) d'huile d'olive extra vierge
2 gousses d'ail, pelées et écrasées
1 gros piment rouge, épépiné et finement haché
2 tomates prune, épépinées et coupées en dés
75 ml (¼ tasse) de vin blanc sec
15 ml (1 c. à soupe) de persil à feuilles plates frais haché
sel de mer et poivre noir fraîchement moulu

Pour 4 personnes

SAUCE AUX PALOURDES

Les palourdes ou vongoles sont de tout petits clams que l'on trouve chez tous les bons poissonniers. Choisir les plus grosses. Les vongoles sont particulièrement douces et tendres. En dernier recours, on les trouve précuites en conserve dans les magasins d'alimentation italiens.

Laver les palourdes à l'eau froide, en grattant les coquilles pour enlever la saleté. Bien les sécher.

Chauffer l'huile d'olive dans une grande poêle et faire revenir l'ail, le piment et l'assaisonnement pendant 3 à 4 minutes ou jusqu'à ce qu'ils soient tendres, mais pas roussis. Incorporer les tomates et cuire doucement pendant 5 minutes. Ajouter le vin et faire bouillir jusqu'à ce que le liquide ait réduit de moitié.

Ajouter les palourdes et cuire à couvert pendant 5 minutes, en secouant la casserole de temps en temps jusqu'à ce que les coquilles soient toutes ouvertes (jeter celles qui ne le sont pas).

Incorporer le persil et servir chaud.

SAUCES
POUR LES
LÉGUMES

BEURRE BLANC AU CITRON

BEURRE BLANC AU CITRON

Voici une sauce délicate à servir avec n'importe quel légume vert cuit à la vapeur, surtout les pousses tendres des jeunes asperges ou des artichauts.

Mettre le jus de citron, le vin et les échalotes dans une casserole, porter à ébullition et cuire 2 minutes ou jusqu'à ce qu'il ne reste plus qu'environ 15 ml (1 c. à soupe) de liquide. Ajouter la crème et refaire bouillir jusqu'à formation d'une glace.

Réduire le feu à doux. Avec un fouet, incorporer graduellement le beurre, par petits morceaux, jusqu'à ce que la sauce soit épaisse et que tout le beurre ait été incorporé. Assaisonner au goût. Passer la sauce dans une fine passoire et servir chaud.

45 ml (3 c. à soupe) de jus de citron fraîchement pressé
45 ml (3 c. à soupe) de vin blanc sec
2 échalotes, finement hachées
15 ml (1 c. à soupe) de double crème
250 g (1 tasse + 2 c. à soupe) de beurre non salé, réfrigéré et coupé en dés
sel de mer

Pour 4 personnes

BAGNA CAUDA

Placer ce délicieux beurre d'anchois chaud au centre de la table avec un grand plat de légumes crus et laisser ses invités se régaler.

Chauffer le beurre et l'ail dans une petite casserole et cuire doucement pendant 4 à 5 minutes ou jusqu'à ce que tout soit ramolli, mais pas roussi. Ajouter les anchois, bien remuer, puis verser l'huile d'olive. Cuire doucement encore 10 minutes en remuant de temps en temps jusqu'à ce que la sauce soit molle et presque crémeuse. Servir chaud.

50 g (3 c. à soupe) de beurre non salé
4 grosses gousses d'ail, pelées et écrasées
50 g (1 lb) de filets d'anchois à l'huile, égouttés et hachés
200 ml (6 oz) d'huile d'olive extra vierge

Pour 4 à 6 personnes

VINAIGRETTE FRANÇAISE

C'est une sauce à salade classique avec un ensemble de saveurs parfait – ni trop acide, ni trop huileuse.

Mélanger le vinaigre, la moutarde, le sucre et l'assaisonnement dans un bol et remuer pour obtenir une texture onctueuse. Incorporer l'huile d'olive et l'huile de tournesol à petit filet jusqu'à ce qu'elles soient bien amalgamées. Assaisonner au goût. Se conserve 1 semaine au réfrigérateur dans un bocal à bouchon vissé. Bien secouer avant de servir.

15 ml (1 c. à soupe)
de vinaigre de vin blanc
5 ml (1 c. à thé)
de moutarde de Dijon
une pincée de sucre
60 ml (4 c. à soupe)
d'huile d'olive extra vierge
30 ml (2 c. à soupe)
d'huile de tournesol
sel de mer et poivre noir
fraîchement moulu

Pour 4 à 6 personnes

NUOC MAM

Cette sauce vietnamienne traditionnelle accompagne généralement les mets roulés dans de fines feuilles de riz, mais on peut aussi l'utiliser comme sauce à salade ou trempette pour la viande et le poisson grillés. Elle se prépare de plusieurs façons – avec une carotte râpée, de la pâte de crevette ou du vinaigre au lieu de jus de citron.

Mettre les piments, l'ail et le sel dans un mortier (ou un mixeur) et piler jusqu'à obtenir une pâte grossière. Transférer dans un bol avec le sucre, la sauce de poisson et le jus de lime et remuer jusqu'à dissolution du sucre. Se conserve 3 jours au réfrigérateur dans un bocal avec un bouchon vissé.

3 gros piments rouges,
égrenés et grossièrement
hachés
3 piments rouges langue
d'oiseau, égrenés et
grossièrement hachés
2 gousses d'ail,
pelées et hachées
une pincée de sel de mer
50 g (3 c. à soupe)
de sucre de palme râpé
50 ml (1,5 oz) de sauce
de poisson thaï
100 ml (3 oz) de jus de lime
fraîchement pressé

Pour 4 à 6 personnes

SAUCE JAPONAISE AU SOYA ET AU WASABI

J'adore les sauces à salade japonaises qui utilisent peu (ou pas) d'huile – elles sont fraîches et acidulées. Celle-ci est une sauce polyvalente qui peut être utilisée sur des salades vertes, des macédoines de légumes ou des fruits de mer, surtout le thon frais rapidement saisi.

Mélanger le vinaigre, le mirin et le sucre dans un bol et remuer jusqu'à ce que le sucre soit dissous. Battre au fouet les ingrédients restants pour obtenir une pâte onctueuse. Se conserve 3 jours au réfrigérateur dans un bocal avec un bouchon vissé. Bien secouer avant de servir.

15 ml (1 c. à soupe)
de vinaigre de riz
15 ml (1 c. à soupe)
de mirin (se trouve dans
les magasins d'alimentation
asiatiques et les magasins
de santé)
5 ml (1 c. à thé) de sucre
en poudre
15 ml (1 c. à soupe)
de sauce soya foncée
5 ml (1 c. à thé)
d'huile de sésame
10 ml (2 c. à thé)
de pâte wasabi
50 ml (1,5 oz)
d'huile de tournesol

Pour 4 à 6 personnes

DANS LE SENS DES AIGUILLES D'UNE MONTRE EN PARTANT DE LA GAUCHE : SAUCE JAPONAISE AU SOYA ET AU WASABI; VINAIGRETTE FRANÇAISE, NUOC MAM

1 jaune d'œuf
1 petite gousse d'ail,
pelée et écrasée
2 filets d'anchois à l'huile,
égouttés et hachés
15 ml (1 c. à soupe) de jus de
citron fraîchement pressé
5 ml (1 c. à thé) de sauce
Worcestershire
150 ml (¾ tasse) d'huile d'olive
25 g (1 oz) de parmesan,
fraîchement râpé
sel de mer et poivre noir
fraîchement moulu

POUR 4 À 6 PERSONNES

SAUCE POUR SALADE CÉSAR

Il est bien connu que César Cardini, un immigrant italien qui vivait à Tijuana, au Mexique, a inventé la salade César en 1924. Il s'installa plus tard à Los Angeles où il commença à mettre sa sauce en bouteille et à la vendre. Il existe de nombreuses variantes de la recette originale, mais celle-ci est ma préférée.

Battre le jaune d'œuf dans un petit bol, avec l'ail, les anchois, le jus de citron, la sauce Worcestershire et un peu d'assaisonnement jusqu'à obtention d'une mousse. Incorporer l'huile d'olive à petit filet pour former une pâte épaisse et brillante. Ajouter 30 ml (2 c. à soupe) d'eau pour clarifier la sauce et incorporer le parmesan. Garder au réfrigérateur dans un bocal avec un bouchon vissé et consommer le jour même. Bien secouer avant de servir.

250 g (8 oz) de yogourt grec
1 gousse d'ail, pelée et écrasée
25 ml (1½ c. à soupe) de tahini
15 ml (1 c. à soupe) de jus de
citron fraîchement pressé
sel de mer et poivre noir
fraîchement moulu

POUR 4 PERSONNES

SAUCE AU TAHINI, AU YOGOURT ET À L'AIL

Le tahini, à base de graines de sésame pilées, est très utilisé dans la cuisine méditerranéenne et du Moyen-Orient. Ici, il sert à parfumer le yogourt et accompagne à merveille les légumes rôtis ou au barbecue ou l'agneau grillé.

Mélanger le yogourt, l'ail, le tahini et le jus de citron dans un bol et assaisonner au goût. Couvrir et laisser infuser 30 minutes avant de servir. Se conserve 3 jours au réfrigérateur dans un bocal avec un bouchon vissé.

TREMPETTE AU PERSIL, AU FETA ET AUX NOIX DE PIN

Le persil à feuilles plates a tellement de saveur qu'il imprègne cette trempette d'un arôme très spécial. Servir avec une variété de légumes crus craquants ou pour accompagner un poisson grillé.

Mettre tous les ingrédients dans un mixeur et mélanger pour former une pâte bien onctueuse. Assaisonner au goût, couvrir et laisser infuser 30 minutes avant de servir. Se conserve 3 jours au réfrigérateur dans un bocal avec un bouchon vissé.

50 g (2 oz) de persil
à feuilles plates, frais
1 gousse d'ail,
pelée et écrasée
75 g (3 oz) de noix de pin,
torréfiées
100 g (4 oz) de feta,
coupé en dés
150 ml (²/₃ tasse) d'huile
d'olive extra vierge
poivre noir fraîchement
moulu

POUR 4 À 6 PERSONNES

SALSA AUX PISTACHES ET À LA MENTHE

Il existe de nombreuses adaptations de la pâte classique au basilic et aux noix de pin. Celle-ci combine de la menthe et des pistaches. Elle est si polyvalente qu'elle accompagne aussi bien les fruits de mer (surtout les crevettes grillées) que le rôti d'agneau.

Mettre les pistaches, la menthe, l'ail et les oignons blancs dans un mixeur et battre jusqu'à ce qu'ils soient grossièrement hachés. Ajouter l'huile d'olive et mélanger pour obtenir une pâte onctueuse. Incorporer le vinaigre et assaisonner au goût. Se conserve 5 jours au réfrigérateur.

50 g (2 oz) de pistaches,
écalées
½ poignée de feuilles
de menthe fraîche
1 gousse d'ail,
pelée et écrasée
2 oignons blancs, hachés
125 ml (½ tasse) d'huile
d'olive extra vierge
10 ml (2 c. à thé)
de vinaigre de vin blanc
sel de mer et poivre noir
fraîchement moulu

POUR 4 PERSONNES

TREMPETTE AU PERSIL, AU FETA
ET AUX NOIX DE PIN

TREMPETTE AUX CAROTTES,
À L'ORANGE ET AU CUMIN

TREMPETTE AUX CAROTTES, À L'ORANGE ET AU CUMIN

500 g (18 oz) de carottes, hachées

30 ml (2 c. à soupe) d'huile d'olive extra vierge

1 petit oignon, finement haché

1 gousse d'ail, pelée et hachée

5 ml (1 c. à thé) de cumin moulu

75 ml (¼ tasse) de jus d'orange fraîchement pressé

sel de mer et poivre noir fraîchement moulu

POUR 4 À 6 PERSONNES

Cette trempette acidulée et très parfumée est idéale avec des crudités ou des gaufrettes.

Cuire les carottes à la vapeur pendant 15 à 20 minutes ou jusqu'à ce qu'elles soient tendres. Entre-temps, chauffer l'huile d'olive dans une poêle et faire revenir l'oignon, l'ail et le cumin pendant 5 minutes ou jusqu'à ce qu'ils soient ramollis.

Transférer dans un mixeur, ajouter les carottes, le jus d'orange et l'assaisonnement et mélanger pour obtenir une pâte onctueuse. Assaisonner au goût et laisser refroidir. Servir à température ambiante. Se conserve 2 jours au réfrigérateur dans un bocal avec un bouchon vissé.

2 avocats mûrs, pelés, dénoyautés et coupés en dés

1 gousse d'ail, pelée et écrasée

1 gros piment rouge, égrené et finement haché

2 tomates, pelées, égrenées et coupées en dés

30 ml (2 c. à soupe) d'huile d'olive extra vierge

30 ml (2 c. à soupe) de coriandre fraîche, hachée

jus d'une demi-lime fraîchement pressé

sel de mer et poivre noir fraîchement moulu

POUR 4 À 6 PERSONNES

SALSA D'AVOCATS

Le côté crémeux des avocats compense idéalement l'acidité des tomates et du jus de lime. Servir cette salsa comme trempette avec des crudités ou pour accompagner un poisson grillé. Pour savoir si l'avocat est mûr, appuyer légèrement au niveau de son « cou » – s'il est mûr, vos doigts vont s'enfoncer un peu dans la chair.

Combiner tous les ingrédients dans un bol et assaisonner au goût. Couvrir et laisser infuser pendant 15 minutes, puis servir immédiatement, car la salsa commence à se décolorer après 30 minutes.

SAUCES SUCRÉES

LA CRÈME ANGLAISE

La crème anglaise ou crème pâtissière doit être remuée constamment à feu très doux pour éviter que les jaunes d'œufs ne coagulent et ne fassent tourner la sauce. C'est une sauce très polyvalente qui accompagne très bien de nombreux desserts chauds ou froids – surtout la tarte aux pommes.

1

600 ml (2⅓ tasse) de lait
1 gousse de vanille, fendue
6 jaunes d'œufs
30 ml (2 c. à soupe)
de sucre en poudre

POUR 8 À 10 PERSONNES

[1] Mettre le lait et la gousse de vanille dans une casserole et chauffer à feu doux jusqu'à atteindre le point d'ébullition. Retirer du feu et laisser infuser pendant 20 minutes, puis retirer la gousse de vanille.

[2] Battre les jaunes d'œufs et le sucre dans un bol jusqu'à obtention d'un liquide pâle et crémeux, puis les incorporer au lait infusé.

[3] Remettre la casserole sur le feu et cuire en remuant constamment avec une cuillère en bois. Ne pas laisser bouillir.

[4] Retirer le mélange du feu quand il est assez épais pour napper le dos de la cuillère. Servir chaud. Pour le consommer froid, couvrir le bol de pellicule plastique pour éviter la formation d'une peau et laisser refroidir.

SABAYON

Le sabayon est une émulsion ou sauce chaude aux œufs qui se fait en battant les jaunes d'œufs sur le feu pour les faire épaissir et les stabiliser. Le sabayon est généralement parfumé au kirsch, une liqueur de cerise, mais d'autres liqueurs comme le Grand Marnier ou l'Amaretto conviennent aussi bien. Cette sauce-mousse, digne des Dieux, est idéale l'été avec des fruits.

4 jaunes d'œufs
50 g (3 c. à soupe)
de sucre en poudre
30 ml (2 c. à soupe)
de kirsch
1 gousse de vanille,
fendue

POUR 4 PERSONNES

Mettre les jaunes d'œufs, le sucre et le kirsch dans un bol en verre et incorporer les graines de la gousse de vanille. Placer le bol au-dessus d'une casserole d'eau frémissante (ne pas laisser le bol toucher l'eau). Avec un fouet électrique, battre le mélange sans arrêt pendant 5 à 6 minutes ou jusqu'à épaississement, le batteur laissant une trace à la surface. Servir chaud.

CRÈME ANGLAISE

SAUCE CARAMEL AU BEURRE

Le beurre, le sucre et la crème se combinent à merveille pour créer une sauce caramel riche et délicieuse, idéale avec de la crème glacée, des puddings chauds et des fruits.

50 g (3 c. à soupe) de beurre non salé
175 g (1 tasse) de cassonade
30 ml (2 c. à soupe) de sirop de maïs
75 ml (¼ tasse) de double crème
quelques gouttes d'extrait de vanille

POUR 6 À 8 PERSONNES

Faire fondre le beurre dans une petite casserole. Ajouter la cassonade et le sirop et cuire doucement jusqu'à dissolution du sucre. Incorporer la crème et l'extrait de vanille, et porter doucement à ébullition. Retirer du feu et servir chaud ou laisser refroidir et servir à température ambiante.

SAUCE CARAMEL ET NOIX DE COCO

Le lait de coco donne une saveur exotique à cette sauce caramel et en fait le compagnon idéal des bananes frites ou des mangues grillées.

100 g (6 c. à soupe) de cassonade
100 g (6 c. à soupe) de beurre non salé
175 ml (¾ tasse) de lait de coco

POUR 4 PERSONNES

Chauffer tous les ingrédients dans une petite casserole jusqu'à dissolution de la cassonade. Porter à ébullition et faire mijoter 8 à 10 minutes ou jusqu'à ce que la sauce soit épaisse et brillante. Servir chaud.

PÈCHES RÔTIES AVEC SAUCE CARAMEL AU BEURRE

COULIS DE BLEUETS

Pour créer ce coulis irrésistible, faire mijoter les bleuets jusqu'à ce qu'ils éclatent, rendent leur jus et diffusent leur arôme. À servir avec des desserts à base de crème comme le *panna cotta* ou le *lemon posset*.

POUR 4 PERSONNES

Mettre les bleuets, le sucre, le zeste de citron et 15 ml (1 c. à soupe) d'eau dans une casserole et chauffer doucement jusqu'à dissolution du sucre. Augmenter légèrement le feu et laisser mijoter, partiellement couvert, pendant 8 à 10 minutes ou jusqu'à ce que les bleuets soient ramollis et que la sauce ait épaissi.

Retirer du feu et ajouter le jus de citron. Servir chaud ou laisser refroidir et servir à température ambiante.

350 g (10,5 oz) de bleuets frais
3 c. à soupe (27 g) de sucre en poudre
zeste râpé d'un demi-citron non paraffiné
un filet de jus de citron fraîchement pressé

SAUCE MELBA

Le chef français Auguste Escoffier inventa ce coulis aux framboises fraîches en l'honneur de la cantatrice australienne Nellie Melba, à la fin du dix-neuvième siècle. Il était traditionnellement servi avec des pêches et de la crème, d'où le nom de pêche Melba, mais il est également délicieux avec d'autres fruits frais comme les fraises ou les bleuets. Servir avec de la glace ou une tarte aux fruits.

Mettre tous les ingrédients dans un mixeur et mélanger pour obtenir une pâte onctueuse. Passer le mélange dans une passoire fine et servir.

250 g (9,5 oz) de framboises fraîches
30 ml (2 c. à soupe) de kirsch
9 à 18 g (1 à 2 c. à soupe) de sucre à glacer

POUR 4 À 6 PERSONNES

COULIS DE GRENADILLES

Ce sirop acidulé aux grenadilles est sublime sur une mousse au citron, de la glace à la vanille ou une pavlova aux fruits frais. Pour savoir si les grenadilles sont bien mûres et sucrées, leur peau doit être ridée – les acheter comme ça.

Mettre le sucre et 100 ml (4 oz) d'eau dans une casserole et chauffer doucement jusqu'à dissolution du sucre. Ajouter la pulpe des grenadilles, porter à ébullition, puis laisser mijoter doucement pendant 10 minutes ou jusqu'à ce que le mélange de fruits ait légèrement réduit et épaissi. Laisser refroidir et servir à température ambiante.

100 g (⅔ tasse) de sucre en poudre
75 ml (1½ lb) de pulpe d'environ 6 grenadilles

POUR 4 PERSONNES

DE GAUCHE À DROITE : COULIS DE BLEUETS; SAUCE MELBA; COULIS DE GRENADILLES

COUPE AVEC SAUCE CARAMEL,
AUX PACANES ET À L'ÉRABLE
ET SAUCE AU CHOCOLAT

SAUCE CARAMEL AUX PACANES
ET À L'ÉRABLE

C'est le *nec plus ultra* de la gâterie ! À servir sur la glace à la vanille ou un carré au chocolat.

**75 g (5 c. à soupe)
de beurre non salé**
**75 ml (¼ tasse)
de sirop d'érable**
**75 ml (¼ tasse)
de double crème**
75 g (3 oz) de pacanes

POUR 6 À 8 PERSONNES

Chauffer le beurre, le sirop d'érable et la crème à feu doux jusqu'à ce que le beurre ait fondu. Augmenter le feu et laisser mijoter pendant 5 minutes ou jusqu'à épaississement de la sauce. Incorporer les pacanes et faire mijoter encore 1 minute. Laisser refroidir 15 à 20 minutes et servir chaud.

Remarque : Si la sauce préparée à l'avance a refroidi, la réchauffer avant de servir.

SAUCE AU CHOCOLAT

**175 ml (¾ tasse)
de crème fraîche**
**150 g (6 oz) de chocolat
noir, coupé en morceaux**
**15 g (1 c. à soupe)
de beurre non salé**
**15 ml (1 c. à soupe)
d'Amaretto ou d'une autre
liqueur de votre choix**

POUR 6 À 8 PERSONNES

**200 g (7 oz) de chocolat
blanc, coupé en morceaux**
**175 ml (¾ tasse)
de crème fraîche**

Utilisez du chocolat de bonne qualité avec au moins 70 % de cacao pour obtenir une sauce noire vraiment riche.

Combiner la crème, le chocolat et le beurre dans un bol placé au-dessus d'une casserole d'eau frémissante (le bol ne doit pas toucher l'eau). Remuer fréquemment jusqu'à ce que le chocolat ait fondu et que le mélange soit onctueux. Retirer du feu, laisser refroidir pendant 10 minutes, puis incorporer l'Amaretto. Servir chaud.

VARIANTE : **SAUCE AU CHOCOLAT BLANC**

Combiner le chocolat et la crème dans un bol placé au-dessus d'une casserole d'eau frémissante (le bol ne doit pas toucher l'eau). Remuer fréquemment jusqu'à ce que le chocolat ait fondu et que le mélange soit onctueux. Retirer du feu et laisser reposer 10 minutes. Servir chaud.

INDEX

B

20.005